반구대 이야기

새김에서 기억으로

새김에서 기억으로

반구대 이야기

전호태 지음

Bangudae Petroglyphs Storytelling

성균관대학교
출 판 부

반구대 암각화를 알기 쉽게 설명하는 이야기체의 글을 구상한 지는 오래되었다. 이 특별한 유적과 인연을 맺은 게 1988년이고, 연구사를 전망하고 과제를 살펴본 글을 쓴 게 1993년이니, 스토리텔링에 해당하는 글을 구상한 시기도 그쯤일 것이다. 그러나 실제 반구대 이야기의 줄거리를 메모한 것은 이때부터 20년이나 흐른 뒤인 2013년 10월 18일이다.

　그로부터 다시 10년이 흐른 지금 에세이 형식이면서 각주와 참고문헌이 달린 56꼭지의 이 글을 쓰게 된 건 일반 시민과 공유할 수 있는 반구대 이야기를 써야겠다는 결심을 더는 미룰 수 없다고 생각했기 때문이다. 2014년 반구대 암각화 전문연구서를 낸 지도 상당한 시일이 흘렀고, 울산대학교 반구대암각화유적보존연구소를 설립하고 소장을 맡아 여러 권의 국내 암각화 정밀실측 보고서와 국내외 암각화 유적에 대한 공동연구서를 내는 일련의 작업도 사실상 마무리되었기 때문이다.

이 책이 애초에 구상했던 스토리텔링 유형의 반구대 암각화 이야기와 형식이 다른 것은 온전히 필자의 책임이다. 답사기나 소설 형식으로 글을 쓰고 싶었고 2013년의 메모도 그런 구상을 담고 있지만, 필자의 역량이 이에 미치지 못해 진행이 지지부진했다. 고민 끝에 항목별로 한쪽 전후 분량의 글을 쓰고, 글과 관련된 도면, 사진으로 설명을 뒷받침하는 방식을 택했다.

반구대 암각화를 설명하는 이야기 꼭지는 100개 이상 나올 수도 있을 것이나, 필자는 유적과 직접 관련되는 항목을 60여 개 뽑고 이 가운데 56꼭지만 썼다. 필자의 역량이 미치는 한도 안에서 설명할 수 있는 것 위주로 쓰는 게 좋겠다고 생각했기 때문이다. 이 책에서 미처 풀어내지 못한 부분은 더 역량 있고, 준비된 분의 몫으로 남겨둘 수밖에 없을 듯하다.

코비드19(일명 코로나)의 유행으로 온-라인 중심 강의만 2년 6개월 가까이 하면서 필자같이 전공분야 특성상 한 해 몇 차례씩 다녔던 국내외 유적 답사도 사실상 중지되었지만, 반구대 암각화와 천전리 각석에는 개인적으로 몇 차례 다녀왔다. 그러나 반구대 암각화는 유적을 자세히 관찰하기 어려웠던 까닭에 울산대박물관 및 반구대암각화유적보존연구소 발간 정밀실측 보고서와 1993년 이래 매년 이루어진 현장 답사 과정에 필자가 촬영했던 세부 사진을 들여다보면서 꼭지 글 구상을 다듬는 수밖에 없었다.

　반구대 암각화 연구는 여전히 해결해야 할 과제를 많이 남겨두고 있지만, 유적 현황과 정보를 대중과 공유하기 위한 노력도 계속 기울여야 한다. 이 책도 그런 노력의 필요성에 공감하며 준비되었다. 글이 대중의 눈높이에 잘 맞추어졌는지는 알 수 없으나, 각각 독립적이면서도 전체를 하나로 꿸 수도 있게 쓰였다는 점에서 읽기에 큰 어려움은 없으리라 생각한다. 아무쪼록 이 책을 디딤돌 삼아 반구대 암각화에 더 쉽고 편하게 다가갈 수 있는 글이 잇달아 나오기를 기대한다.

시작부터 마무리까지 함께 해준 하늘나라의 아내 장연희에게 감사한다. 너무 자주 글쓰기에 몰두하는 아빠의 건강을 염려하며 세세한 관심과 기도로 곁을 지켜준 딸 혜전, 아들 혜준에게도 고마운 마음을 전한다. 이 책을 출간할 것을 권유하고, 까다로운 편집까지 잘 마무리해준 출판부에도 감사한다.

2023년 봄의 문턱
일산 호수공원 곁 서재에서,
전호태

차
례

책을 열며

제1부 | 발견

제2부 | 사냥

제3부 | 바다

발
견

1

◎

발견

1990년대 중반을 전후해 반구대 암각화는 국내외에서 다시 주목받고 있다. 암각화와
관련이 있는 국내외 연구자들로부터 세계의 수많은 암각화와 암채화 중에서도 특별한
가치와 의미를 지닌다는 평가를 받게 되었기 때문이다.

반구대 암각화는 울산지역의 불교유적을 조사하던 동국대학교 조사단에 의해 발견되었다.[1]

　반구대 주변의 마을 사람들은 오래전부터 알고 있었지만, 바위에 새겨진 그림들이 어느 시대의 것인지, 세계미술사에 기록될 수 있을 정도로 가치 있는 것인지 알지 못했을 따름이다. 그저 오래된 그림 정도로만 알았고, 대곡천 옆 바위에 짐승과 고래들이 새겨진 게 신통해 보였을 따름이다 게다가 발견 당시나 지금이나 비가 많이 내리는 계절이 되면 몇 달이고 물에 잠기니, 굳이 배를 내어 가까이 다가가 열심히 살펴볼 이유도 없었다.

　처음 반구대 암각화가 발견되어 세상에 알려졌을 때도 사람들의 관심은 한눈에 들어오는 고래 무리에 쏠려 있었고, 한국에서 아주 오래전에 고래잡이가 행해졌을 것이라는 사실에 감탄에 감탄을 더했다. 울산의 장생포가 일제강점기부터 한반도 바다의 고래잡이 기지로 떠올랐다는 울산 근현대사에 선사시대의 고래잡이 장면이 울산에 암각화로 남아 있다는 역사적 사실까지 더해지면서 울산은 새삼 한국의 산업 메카라는 인식에 더하여 고래 사냥이 행해졌던 역사 도시로 새로 인식되기도 했다.

그러나 잠깐의 국민적 관심을 뒤로하고 고래 도시 울산은 곧 세간의 관심에서 비켜났다. IWC(국제포경위원회)의 권고를 받아들여 1986년부터 한국도 상업적 고래잡이를 하지 않게 되면서 포경기지 장생포는 쇠락하기 시작했고, 이와 맞물린 것은 아니지만 고래 암각화로 알려진 반구대 암각화도 사람들의 뇌리에서 잊히기 시작했다.

사실 역사적으로 의미 있고 새로운 유적, 유물이 발견되었다는 소식이 신문을 장식하던 1980년대 중반에도 1970년에 발견된 반구대 암각화가 세간의 관심사로 남아 있기는 어려웠다. 게다가 당시에는 암각화학이 독립된 학문 분야가 될 수 있다고 생각하는 이도 없었고, 선사미술이라는 분야 역시 하나의 장르로 인식되지 않았다. 암각화학을 자신의 전문 연구 분야로 삼는 이도 없었다.

그러나 이즈음에도 유럽의 선사미술 연구자들은 반구대 암각화에 주목하면서 문화유산으로서의 가치를 높이 평가하고 있었다. 신석기시대 이래 청동기시대까지 계속된 것으로 보이는 암각화 제작의 역사도 의미가 있고, 비교적 넓은 단일 화면에 여러 종류의 기법을 달리하는 암각화가 빼곡히 채워진 것도 주목할 만했기 때문이다. 고래 무리와 뭍짐승이 한 화면을 장식한 사례도 이때까지는 발견, 보고되지 않았으므로 이 또한 미술사적으로

❶ 반구대 암각화 주암면 전경
❷ 반구대 주암면 실측도 3D 도상

큰 의미를 지니고 있다고 평가하고 있었다.

　1990년대 중반을 전후해 반구대 암각화는 국내외에서 다시 주목받고 있다.[2] 암가화와 관련이 있는 국내외 연구자들로부터 세계의 수많은 암각화와 암채화 중에서도 특별한 가치와 의미를 지닌다는 평가를 받게 되었기 때문이다. 세계 선사미술사를 언

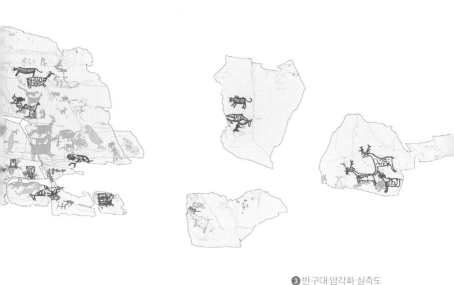

급할 때, 동아시아를 대표하는 암각화 유적으로 소개되는 것도
최근 20년 사이에 보이는 중요한 변화이다. 발견 50년이 지난 지
금 암각화 관련 연구자들이 반구대 암각화의 가치와 의미를 재
인식, 재평가해야 할 필요가 있는 것도 이 때문이다.

2

◎

태화강

봄이면 태화강은 바다에서 강으로 거슬러 올라오는 황어 떼로 장관을 이룬다. 본래 바다를 삶터로 삼는 황어 떼가 알 낳을 자리 찾아 강을 거슬러 오르는 모습은 오랜 옛날 반구대 기암절벽을 찾아 태화강을 거슬러 올라가던 신석기시대 사람들의 눈에도 띄었을 것이다.

．
．
．

바다가 강줄기 따라 깊이 들어온 까닭일까? 강과 바다가 만나는 긴 띠 둘레에도 짠물에서 나는 특유의 냄새가 떠다닌다. 바다에서 다시마나 미역을 건져 올렸을 때, 맡게 되는 그런 싱그러우면서도 찝찔한 향을 코끝으로 느낀다. 이건 정말 기분 좋은 냄새다. 바닷가에서 나고 자랐기 때문일까? 이런 향이 좋다.

사연댐이 가로막기 전, 반구대 암각화 앞 대곡천 물줄기는 태화강 본류에 가 닿았고, 태화강 물줄기는 바다로 이어졌다.[3] 바닷물과 섞이기 전의 태화강 물줄기가 대곡천 물과 한 몸이 된 뒤 오래지 않아 만나는 게 바다였으니, 신석기시대에는 지금의 범서읍 구영리와 천상리 사이에서도 바닷물의 짠 내를 맡을 수 있었고, 청동기시대가 시작될 즈음에는 태화루가 보이는 십리대숲 근처에도 바닷물의 영향이 미치고 있었을 것이다.[4] 조선 중기 정유재란 때에 태화강 중하류역에 축조된 울산 왜성, 곧 도산성(島山城)은 남쪽이 태화강과 닿았다.[5] 아마도 울산만으로 들어온 배는 도산성 남쪽까지 이를 수 있었을 것이다. 민물과 바닷물이 섞이는 기수역이 태화강 안 깊숙한 곳까지 그 끝이 닿았을 가능성을 고려하게 하는 부분이다.

❹ 대화강 하류

지금도 봄이면 태화강은 바다에서 강으로 거슬러 올라오는 황어 떼로 장관을 이룬다. 본래 바다를 삶터로 삼는 황어 떼가 알 낳을 자리 찾아 강을 거슬러 오르는 모습은 오랜 옛날 반구대 기암절벽을 찾아 태화강을 거슬러 올라가던 신석기시대 사람들의 눈에도 띄었을 것이다. 이후 언제부터인가 반구대 암각화 바위는 찾지 않는 곳이 되었지만, 황어 떼는 해마다 변함없이 강을 거슬러 올라 지금의 선바위 근처 자갈 사이에 알을 낳았을 것이다.

선바위가 있는 입암리에서 조금 더 물길을 거슬러 올라가면 사연리이다. 이 사연리 어간에서 태화강과 대곡천이 만난다. 물길 돌 때마다 대나무 군락을 만나는 태화강과 대곡천 일대. 범서읍 구영리보다 남쪽, 바다 기운이 강한 곳에서 올라온 이들은 점점 짙어지는 대나무 군락의 그늘 사이로 대곡천 초입의 기암절벽들을 보았을 것이다. 이런 기이한 바위들과 더 만나고 싶었다면 당연히 대곡천 중상류 쪽으로 뱃길을 잡거나, 혹은 발길을 돌렸으리라.

태화강을 거슬러 대곡천 물길로 들어서면 문득 깊은 산중으로 들어섰다는 느낌이 든다. 실제로도 태화강 본류를 거슬러 올라가는 길과 대곡천 물길 둘레는 분위기가 다르다. 강변 평지가 비교적 넓은 태화강 길과 골짝 사이로 흐르는 물길 따라 거슬러

오르게 되는 대곡천 둘레의 산봉우리들과 바위 절벽들은 한눈에도 서로 다른 세상이다. 비경(秘景)에서 나오는 특유의 기운이 대곡천 물길 둘레를 흐른다고 할까?

3

◎

공룡발자국 화석

공룡이 얕은 호수나 강변의 고운 흙 위에 제 발자국을 남긴 뒤, 오래지 않아 그 위를 화산재가 덮는다든가 하는 일이 있어야만 가능한 일이긴 하다. 어쨌건 크고 작은 공룡 발자국이 흙 위에 찍혀 최소 6천6백만 년이 지난 뒤, 사람의 눈에 띄게 되었으니, 기적 같은 일이라고 할 수 있다.

:

대곡천 물길 아래는 대부분 바위다. 개울로 불리는 물줄기가 대개 그렇듯이 큰 강에 닿기까지는 골짜기 좌우에서 뻗어 나온 바위틈 사이를 제 길로 삼는다. 이런 바위들 가운데 일부는 인간의 역사와는 비교조차 힘든 먼 옛날 만들어진 것이다. 이른바 지질학적 연대를 가진 바위 가운데에는 수천만 년 전의 생명이 남긴 흔적을 담은 것도 있다. 대곡천 바위가 그런 경우이다.

대곡천 바닥에는 백악기 공룡의 발자국이 많이 남아 있다.[6] 백악기가 1억 4천5백5십만 년 전에 시작해 6천6백만 년 전에 끝나는 지질학적 시기이고, 공룡이 지구의 주인공이던 시대이니, 바위에 공룡 발자국이 남는 건 어쩌면 자연스러운 일이다. 물론 공룡이 얕은 호수나 강변의 고운 흙 위에 제 발자국을 남긴 뒤, 오래지 않아 그 위를 화산재가 덮는다든가 하는 일이 있어야만 가능한 일이긴 하다. 어쨌건 크고 작은 공룡 발자국이 흙 위에 찍혀 최소 6천6백만 년이 지난 뒤, 사람의 눈에 띄게 되었으니, 기적 같은 일이라고 할 수 있다.

반구대 암각화 바위 아래 대곡천 암반층뿐 아니라, 이곳에서 2km 거리에 있는 천전리 각석 앞 대곡천 맞은편 너럭바위에도

❻ 반구대 암각화 암반층에서 발견된 공룡발자국 화석

상당수의 공룡 발자국이 노출되어 있는데, 큰 것은 지름만 30cm 가 넘는다.[7] 대곡천 암반층의 크고 작은 공룡 발자국 가운데 일부는 매우 규칙적으로 찍혀 있어 발자국의 주인공이 어떻게 걸어갔는지도 다시 그려낼 수 있다.

그러고 보니 반구대 암각화에 새겨진 고래는 지상의 다른 포유류와는 비교할 수 없을 정도로 거대하다는 점에서 현대의 공룡이라고 할 수도 있다. 이런 점에서는 고래가 인간의 경험이나 기억과는 전혀 관련 없는 수천만 년 전 지구 주인공들의 삶과 현재를 이어주는 메신저나 마찬가지라는 생각도 든다.

고래가 이런저런 이유로 몸이 육지에 올라오면 자기 무게에 눌려 심장이며 장기가 상해 죽게 된다고 한다. 바다가 아니면 이런 거대한 고래를 받쳐 주지 못한다니, 바다와 고래는 떼려야 뗄 수 없는 사이인 셈이다. 그런 고래를 사람이 잡았다고, 반구대 암각화가 말한다. 작은 마을 크기의 고래를 송아지나 망아지보다 작은 사람들이 힘을 모아 잡았다는 것이다. 그것도 자그만 조각배에 몸을 싣고 바다로 나가 감히 거대한 고래에 작살을 겨누고, 온몸을 날려 등에 그것을 꽂았다는 것이다.

문득, 왜 그렇게까지 해야 했을까 하는 생각이 든다. 바닷가에서 조개 줍고, 가까운 바다에서 그물과 낚시로 잡을 수 있는 물고기가 적지 않았을 텐데, 강변에서도 먹을 것을 구할 수 있었고,

계곡과 나지막한 산, 깊지 않은 숲에서도 이런저런 먹거리를 찾으려면 찾을 수 있었을 텐데, 왜 그렇게 무리한 일을 시도했을까? 목숨을 걸 수밖에 없는 위험천만한 모험에 몸을 맡긴 이유는 무엇일까? 정말 절박했기 때문일까? 아니면 눌러버리기 힘든 인간 특유의 탐구심과 모험심이 작동해서였을까?[8]

4

◎

사연댐

사연댐은 여전히 그 자리에 그대로 있다. 대곡천과 태화강을 나누고 강과 개울 사이를 오가던 물고기와 온갖 생명의 길을 가로막은 채 투박하고 육중한 몸을 연이은 두 산봉우리 사이에 걸치고 있다. 문이 없어 물을 내리지도 못한 채 오니 가득한 물을 싸안고 있다.

:

1965년 사연댐에 물이 채워지기 전까지 대곡천 물은 자연스레 태화강으로 흘러들었다. 대곡천에서 태화강으로 이어진 물길이 바다에 이르기까지 앞을 가로막아 멀리 돌아 흐르게 하는 건 없었다. 1971년 겨울, 이 일대의 불교 유적을 찾던 사람들이 만난 건 아래쪽에 새겨진 그림 대부분이 물에 잠긴 반구대 암각화 바위였다.[9] 수천 년 전 반구대 암각화 바위를 처음 찾은 이들이 보았던, 기암절벽 아래로 맑은 개울이 흐르고 주변으로 신비한 기운이 도는 그런 풍경이 아니었다.

해마다 여름철 장맛비가 더해질 때면 사연댐에 갇혀 있던 물은 위에서 더해진 빗물과 함께 개울을 거슬러 올라왔고, 대곡천 상류에서 흘러내리던 물은 더 내려가지 못하고 반구대 바위 앞에 머물렀다. 쌓인 물은 바위를 조금씩 거슬러 오르다 결국은 낮은 곳에 새겨진 암각화부터 차례로 덮었다.

반구대 바위에 새겨진 고래는 다시 물속으로 들어가고, 멋모르고 고래 곁에 붙어 있던 사슴이며 호랑이, 사람들이 올라탄 배는 헤엄쳐 나올 새도 없이 온갖 잡스러운 것들이 더해진 탁한 물속에 갇히고 만다. 고래 잡으러 나온 배들이 물속에 잠기니, 그

안에 탄 사람들은 어쩔 것인가?

비록 다시 물속으로 들어간다 해도 반구대의 고래는 바다로 돌아가지 못한다. 장맛비에 떠내려온 온갖 쓰레기에 덮인 채 바위에 붙박여 있어야 한다. 바위를 슬쩍 덮은 오니를 떨쳐 내며 물 가운데로 나간다 해도 만나는 것은 더러운 잡동사니뿐이다. 온몸에 생채기만 더한 채 고인 물에서 헤엄치고 나가도 고래와 상어가 만나는 것은 높고 두터운 사연댐이다. 거대한 콘크리트 덩어리다. 사연댐에는 수문이 없다. 더 아래로 내려가려면 잠시 쓰레기로 덮인 물 위로 나와 댐을 넘어야 한다. 다리가 없는 고래로서는 엄두가 나지 않는 일이다.

사연댐은 마른 논밭에 물을 대주는 관개용 댐이 아니다. 공업용수와 생활용수를 확보하기 위해 만든 벙어리 댐이다.[10] 대곡천 물은 사연댐에 이르면 호숫물처럼 제 자리에 머문다. 흐르지 못하기에 고인 물 특유의 비린내를 풍긴다. 때로 녹조가 번지면 물빛도 탁해진다. 물을 쌓아두는 댐인 까닭에 태화강 황어도 대곡천을 거슬러 올라가지는 못한다. 바다에서 올라온 황어 떼는 대곡천과 태화강이 만나는 사연리에서 멀지 않은 선바위 근처 얕은 물 자갈 사이에 알을 낳고 생을 마친다.

댐이 들어선 뒤, 반구대의 고래와 사슴, 사람과 호랑이는 거의 매년 몇 달씩 물속에서 지냈다. 늦가을이나 겨울, 물이 빠지면 반

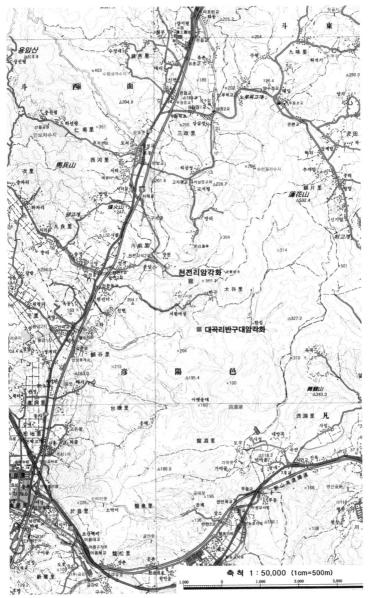

❽ 사연댐 주변 지도

축척 1 : 50,000 (1cm=500m)

구대의 사람과 짐승들은 오니를 뒤집어쓴 채 햇빛에 몸을 말렸다. 반구대 암각화에 새겨진 온갖 생명은 오니가 말라 떨어지고, 이끼벌레 같은 것도 상처 위의 마른 딱지처럼 말라비틀어진 뒤 제풀에 떨어지기까지 몇 날 며칠 기다려야 한다.

십 년, 이십 년 이런 일을 겪다 보면 누구라도 지친다. 고래도, 배도 해마다 물에 잠기고, 오니에 덮이고, 작은 나뭇가지며 쓰레기에 생채기를 입으며 조금씩 형상을 잃어갔다. 햇빛을 쐬고, 쐬면 종이 위 글자도 희미해지듯 바위에 제 모습을 온전히 남기던 호랑이며 사슴, 상어나 고래 같은 것들도 얇아지다 때로는 쪼아진 경계선이 흔적을 거의 알아볼 수 없게 되기도 했다. 대곡천 건너 언덕 위에서도 보이던 반구대 바위의 사람 얼굴을 지금은 맨눈으로 보지 못하게 된 것도 물에 잠겼다 나오기를 수십 번 반복한 뒤의 일이다.

물고문, 쓰레기 고문을 수없이 당해 만신창이가 된 고래와 사슴 앞에서 사람들은 수천 년 전 고래와 상어, 호랑이와 사슴이 반구대 바위에 붙박이기까지 무슨 일이 있었는지 알고 싶어 한다. 처음 그들이 사람의 눈에 띠어 신비한 감정을 불러일으키고, 급기야 제 몸을 내어 먹거리로 주기까지 사람과 그들 사이에 오간, 소리로 들리지 않는 이야기, 신화적 감성의 교류 같은 것과 만나고 싶어 한다.

사연댐은 여전히 그 자리에 그대로 있다. 대곡천과 태화강을 나누고 강과 개울 사이를 오가던 물고기와 온갖 생명의 길을 가로막은 채 투박하고 육중한 몸을 연이은 두 산봉우리 사이에 걸치고 있다. 문이 없어 물을 내리지도 못한 채 오니 가득한 물을 싸안고 있다. 때가 되어 문이 만들어지고 열리면 댐도 비로소 참았던 숨을 내쉬며 푸른 하늘에 눈길을 보낼 수 있을 것만 같다.

9 수몰 뒤 오염 상태로 노출된 반구대 암각화

5

◎

기후 환경

홀로세 후기에 해수면이 낮아지고 농경이 본격 도입되었다면, 바다를 삶터로 삼고 고래
잡이에 나서던 사람들은 농사꾼이 되던가, 바다를 따라 해안 가까운 곳으로 마을을 옮
길 수밖에 없다. 이런 일이 일어났다면 반구대 암각화에 더는 고래가 새겨질 수 없다.

．
．
．

홀로세 중기의 해수면 상승이 후기까지 이어졌는지, 중기에 최고조에 올랐던 해수면이 후기에 내려갔는지는 기후, 지리를 연구하는 이들이 논쟁 중인 주제 가운데 하나이다.[11] 홀로세 중기 이후 해수면이 서서히 올라가 현재에 이르렀다면, 반구대 암각화로 남은 신석기시대의 고래잡이를 설명하기 어려워진다.[12] 반면, 홀로세 중기에 해수면이 가장 높았다가 이후 서서히 내려가기 시작해 현재에 이르렀다면 신석기시대의 고래잡이 전통이 청동기시대에는 끊어지고, 대신 농경이 본격화된 이유를 설명하기 쉬워진다. 진실은 어느 쪽일까?

기후 환경은 숲과 초원, 강과 호수의 너비를 결정하고, 바다의 높낮이를 다르게 한다. 숲의 나무, 초원의 풀 종류를 다르게 하는 것도 기후 환경이다. 기후 환경이 달라지면 숲이 초원이 되기도 하고, 초원이 사막으로 바뀌기도 한다. 비가 많이 내려 습도가 높아지는 곳에서는 풀과 나무가 빨리 자라며, 삼림이 우거지지만, 비가 아니라 눈이 많이 내리는 지역에서는 나무가 천천히 자라고, 삼림의 밀도도 낮아진다.

⑩ 울산만과 태화강

생명은 이런 기후 환경에 적응하여 동면(冬眠)에 들어가기도 하고, 몸의 털이 빽빽해지기도 하며 짧은 시간에 일생의 주기를 한 바퀴 돌리기도 한다. 생존 경쟁이 치열한 열대 우림에서는 사냥과 자기방어를 위한 기술을 최대치로 끌어올리고, 경쟁보다 생존이 우선인 툰드라에서는 에너지 낭비를 최소화하는 여러 가지 능력을 고도로 발달시킨다. 자연에서 살아남아 자기 유전자를 증식시키거나, 후대로 잇게 하려는 생명체의 기술과 능력은 헤아릴 수 없이 다양한 방식으로 개발되고 실현된다.

반구대 암각화에 고래가 새겨지기 전에 뭍짐승, 특히 사냥 대상으로 여겨지던 사슴이나 노루 등이 먼저 새겨질 수 있었던 건 바다가 내륙 깊숙이 들어오지 않은 까닭이다. 울산만이 지금의 울산 십리대숲을 지나 범서읍 근처까지 확장되지 않았을 때이다. 굴화와 장검, 태화강 건너 다운동 지역의 낮은 산자락도 숲으로 덮여 산짐승들이 강변으로 물을 마시러 내려올 정도였기 때문이다.

그러나 해수면이 빠른 속도로 상승하면서 태화강이 내륙으로 후퇴하자 이전 태화강변을 덮었던 갈대는 자취를 감추고 산기슭의 숲도 더 높은 곳으로 후퇴했을 것이다. 그럴 경우, 뭍짐승 사냥으로 살아가던 사람들은 바다 사람으로 변신하던가, 뭍짐승을 따라 바다에서 멀리 떨어진 곳으로 옮겨갈 수밖에 없다. 만일 뭍짐승 사냥꾼 무리가 내륙 깊은 곳으로 삶터를 옮겼다면, 확장된 울산만 연안은 낚시와 그물로 물고기를 잡고, 바닷가에 나가 조개를 줍는 사람들의 차지가 된다. 바다를 삶터로 삼게 된 사람들이 고래잡이에 나서지 않았겠는가?

홀로세 후기에 해수면이 낮아지고 농경이 본격 도입되었다면, 바다를 삶터로 삼고 고래잡이에 나서던 사람들은 농사꾼이 되던가, 바다를 따라 해안 가까운 곳으로 마을을 옮길 수밖에 없다. 아니면, 해양 어로가 더 쉽고 편한 곳, 울산만의 남쪽, 지금의 온산만이나 서생포 쪽으로 내려가 새롭게 삶터를 일궜을 수도 있다.

이런 일이 일어났다면 반구대 암각화에 더는 고래가 새겨질 수 없다. 고래 새김이 그치고 오랜 시간이 흐른 뒤 다시 반구대 바위를 찾은 사람들은 맹수를 경외하고, 큰 뿔을 자랑하는 사슴에게서 강한 힘과 생식력을 느끼며 주술행위로 그런 힘을 덧입으려던 새로운 이주자들이었다. 이들이 마주친 태화강과 그 주변의 모습은 고래잡이에 나섰던 사람들이 보던 것과는 완전히 달랐을 것이다.

6

◎

만남

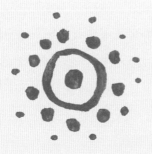

처음 반구대 바위 앞에 선 이들은 어떤 느낌이고 마음이었을까? 드디어 신이 계신 곳
에 왔다! '신 앞에 섰다'였을까? 아니면 '신이 우리를 이리로 인도했다'였을까? 신과
만날 수 있는 곳을 찾았으니, '이제 우리가 원할 땐 언제고 신에게 우리의 소망을 알릴
수 있게 되었구나'였을까? 반구대 바위 앞에 서서 사람들은 신이 내려와 그들과 함께
함을 느꼈을까?

반구대 바위에 처음 새김을 시작한 사람들은 어디서 왔을까? 반구대 깊은 골짝까지 찾아온 이들은 바위 앞을 흐르는 물길을 거슬러 올라왔을 가능성이 크다. 태화강 중상류 근처 어딘가에 살던 이들이 강을 따라 올라와 대곡천을 만난 뒤 초입부터 느껴지는 신비한 분위기에 넋을 잃고 있다가 개울을 거슬러 오르기 시작했을 것이다.[13]

최소 살던 곳 반경 20km 둘레에 뭐가 있는지는 알아야 했던 사냥꾼 무리가 대곡천이 태화강과 만나는 자리를 흐르던 산바람에서 뭔가 냄새를 맡았던 것일까? 산자락의 길 아닌 길을 더 들어나가는 데 이골이 난 사람들에게 대곡천을 거슬러 오르는 걸음이 무거웠을 리는 없다. 다만 개울 좌우로 치솟은 바위 절벽을 만날 즈음부터는 쉽고 편하게 발 내딛지는 못했을 것이다. 바위에서 풍기는 기이한 기운을 이들도 느꼈을 게 틀림없기 때문이다.

샤먼들은 바위들이 모인 곳이나, 물 근처, 혹은 바위와 물이 만나는 데서 특별한 기운을 느끼는 때가 많다고 한다.[14] 산이나 골짝에는 기운이 모이는 곳이 있는데, 그런 곳에서는 기운을 받

⑪ 태화강으로 흘러가는 대곡천
⑫ 반구대 암각화 원경

을 수 있고, 신에게 제의를 올리면 응답도 뚜렷하게 받을 수 있다
는 것이다. 진안 마이산처럼 특이한 생김을 보이는 바위산은 늘
무언가 빌러 오는 사람들로 붐빈다. 암수로 나뉘어 마주 본다는
이 바위산 근처에 돌탑이 솟아 있고, 절이며 당집이 있는 것도 소
원을 빌러 오는 사람이 많기 때문이다.[15]

　대곡천 둘레에도 기암절벽이 솟아 있어 이른바 영적으로 민감
한 이들에게는 신비한 기운이 강하게 느껴지는 곳이 여러 군데
있다. 반구대 암각화 바위에서 멀지 않은 천전리 각석 앞도 그런

　　　　　　　　　⓭ 진안 마이산

장소 가운데 하나이다. 어떤 이들은 천전리 각석 앞에 점점이 놓여 있는 큰 바위들 가운데 하나에 근처의 기운이 다 모여 있다고 말한다.

반구대 암각화 바위 역시 특별한 기운을 느낄 수 있는 곳이다. 바위는 하늘로 치솟다가 앞으로 튀어나와 버섯의 갓처럼 암각화 바위를 가려주고, 암각화가 새겨진 큰 바위는 ㄱ자로 꺾인 상태라 바람이 들이쳐도 휘돌아 흐르며 빠져나간다. 바위 앞을 감아 돌며 깊어진 물은 아무나 바위까지 건너가기 어렵게 만들고 있다. 눈비와 바람으로부터 보호되는 큰 바위 앞에 물까지 흐른다면 캔버스처럼 넓게 펼쳐진 바위는 세상 너머의 누군가 와서 사람에게 말 건넬 수 있는 곳이다. 물론 신에게 먼저 말 건네는 이는 사람일 것이고, 말을 건넸음을 알게 하는 표지는 암각화다.

처음 반구대 바위 앞에 선 이들은 어떤 느낌이고 마음이었을까? 드디어 신이 계신 곳에 왔다! '신 앞에 섰다'였을까? 아니면 '신이 우리를 이리로 인도했다'였을까? 신과 만날 수 있는 곳을 찾았으니, '이제 우리가 원할 땐 언제고 신에게 우리의 소망을 알릴 수 있게 되었구나'였을까? 반구대 바위 앞에 서서 사람들은 신이 내려와 그들과 함께함을 느꼈을까?

7

◎

첫 번째 새김

처음 바위에 암각을 남긴 사람들이 사냥꾼이었음은 확실하다. 농사를 지으면서 바위
에 짐승을 새길 수도 있지만, 초기의 암각 이후 새김 주제가 일관되게 사냥이고, 시기
상으로도 한국에서는 청동기시대 초입에 들어서기까지 농경은 특정한 지역에서 제한
적으로 이루어졌기 때문이다.

।

돌에 남긴 사람의 흔적은 다양하다. 둥근 자갈돌로 쿡쿡 찍어 돌에 찍힌 흔적만 남기는 일도 있고, 석영 계통의 단단하고 날카로운 돌 끝으로 선을 긋고 마는 사례도 있다. 그어서 형상을 나타낸 것도 암각화고, 돌로 찍어 어떤 사물의 모습을 드러낸 것도 암각화다. 여기에 채색을 더하면 암채화가 되는데, 긋거나 찍지 않고 막대기 같은 것으로 안료를 찍거나 손에 안료를 묻혀 그림을 그린 것도 암채화다. 어떤 경우건 캔버스는 바위다.

반구대 암각화 바위에 처음 새겨진 것은 뭍짐승들이다.[16] 너무 작게 새겨져 어떤 종류인지 알기 어려운 것들이 대부분인데, 사슴과나 개과 짐승으로 보이는 것들이 비교적 많다. 처음 새겨진 것들이라 이후에 크고 또렷하게 새겨진 것들로 말미암아 원형을 잃은 것이 많다.

화면 여기저기 몇 마리씩 새겨진 이 작은 짐승들 사이가 어떤지는 알기 힘들다. 스토리를 읽어내기에는 남겨진 것이 몇 안 되고, 물상의 배치 역시 상호관계를 짐작할 수 있을 정도로 밀접한 듯 보이지 않는 까닭이다. 아마 새긴 사람들은 자신이 무슨 작업을 하는지 알고 있었고, 함께 있던 이들도 그림에 부여한 의미라

0   0.5   1m

⓮ 반구대 암각화 주암면 실측도: 첫 번째 새김

든가 새겨진 짐승들에 얽힌 이야기를 충분히 이해하고 있었겠지만, 지금으로서는 흩어져 새겨진 짐승들로 보일 뿐이다.

　후기 구석기시대 유럽 동굴벽화를 보면, 수천 년에 걸쳐 같은 화면에 비슷한 그림을 반복적으로 그려 형상 여럿이 겹치거나, 하나가 움직이는 것을 나타낸 것처럼 보이게 된 사례를 확인할 수 있다.[17] 이외에도 서로 다른 생명체를 다양한 방식과 각도에서 그리거나 크기를 달리하여 묘사하면서 화면에 생동감을 부여하거나 화면이 입체적인 형상으로 가득한 것처럼 보이게 한 예도 있다. 세대를 달리하는, 그것도 수십 세대 이상에 걸친 그림인데, 결과적으로는 통일성 있게 구상한 것이 완성된 듯이 보이는 것이다.

⑮ 동굴벽화(구석기시대, 프랑스 쇼베동굴, 국립중앙박물관 복제화)

반구대 바위에 처음 손을 댄 이들은 단지 바위에 머문다고 믿는 신과의 대화를 시도하면서 소망을 그림으로 남겼을 뿐 여러 세대, 심지어 수십 세대에 걸친 암각 작업이 자신들의 손으로 시작된 사실은 몰랐을 것이다. 띄엄띄엄 몇 마리씩 형상화된 암각화 무리는 처음, 이 바위에 어떻게 특정한 짐승들의 형상이 자리 잡게 되었는지 희미하게 알려줄 뿐이다.

처음 바위에 암각을 남긴 사람들이 사냥꾼이었음은 확실하다. 농사를 지으면서 바위에 짐승을 새길 수도 있지만, 초기의 암각 이후 새김 주제가 일관되게 사냥이고, 시기상으로도 한국에서는 청동기시대 초입에 들어서기까지 농경은 특정한 지역에서 제한적으로 이루어졌기 때문이다.[18] 반구대 암각화 바위가 사람들에게 화면을 제공하던 당시 한반도의 대부분 지역 사람들은 사냥과 채집으로 하루를 보내고 있었다.

8

◎

바위 신앙

바위 곁을 떠나지 않는 사람, 돌로 만든 도구를 늘 몸에 지니고 다니는 사람, 바위 동 굴이나 바위 그늘을 수시로 찾아가 흔적을 남기는 사람. 바위와 함께 사는 사람들이 바위에 특별한 관념을 투사한 결과 중 하나가 반구대 암각화일 것이다.

바위가 거인의 뼈, 신이 흘린 핏방울이라는 이야기가 돌기 오래 전부터 사람들은 바위에 마음을 쏟았다. 바위 그늘에 살고, 바위 동굴 입구에 잠자리를 마련하면서 돌로 만든 갖가지 도구를 손에 든 사람들이 바위에 눈길을 주고, 마음마저 붙이는 건 자연스러운 현상이었다. 바위는 사람에게 가장 가까운 자연이었다.

바위 그늘이나 동굴에 돌로 어떤 형상을 그리거나, 자기 생각, 사람들 사이에 오간 이야기를 새기고 색을 입히는 행위는 바위에 붙어사는 사람들로서는 당연한 행동이었다. 이들에게 바위는 캔버스이자 사람과 대화할 수 있는 그 무엇, 신성한 어떤 존재였기 때문이다.[19] 지금도 사람들은 하늘에 뜬 달과 대화하고, 여행 중에 만난 신비한 절벽 바위에 소원을 빈다. 돌로 만든 도구에 삶을 의지하던 사람들이 바위에 뭔가 긋거나 그리면서 소망을 말하는 걸 이상하다는 눈초리로 바라볼 필요는 없는 것이다.

바위를 할아버지, 할머니, 아버지, 어머니로 부르는 관습은 오늘날에도 민속으로 남아 전한다.[20] 아이를 낳게 해달라고 비는 기자바위는 한국을 비롯하여 전 세계에 있다. 한국에도 명칭상 가장 흔한 게 기자바위나 돌미륵이다. 돌미륵은 기자바위의 다른 이름이다. 한국에 불교가 전해진 뒤, 생겨난 이름이다. 물론 이런 이름의 바탕에 바위신앙이 있음은 물어볼 필요도 없다.

쌀바위도 전지전능한, 사람이 바라는 건 다 줄 수 있는 바위에 대한 종교적 관념의 소산이다.[21] 한국이 쌀문화권인 까닭에 한국에는 쌀을 내는 바위가 여기저기 있는 것이다.[22] 아마 밀문화권의 바위는 밀을 낼 것이다. 밀로 빵을 만들어 먹는 사람들도 바위신앙은 그대로일 테니까.

바위를 할머니나 어머니로 부를 경우, 이런 관습의 기원은 바위신앙이 성립하던 초기까지 거슬러 올라갈 수 있다. 남동유럽이나 근동에서 발견되는 신석기시대 유적 가운데에는 알 형상이거나 속을 알 모양으로 판 바위 안에 시신을 안치한 무덤이 있다.[23] 이런 형식의 무덤은 생명을 잉태하고 낳는 어머니 여신의 자궁을 상징한다. 죽은 사람은 났을 때와 같이 생명이 시작된 곳, 어머니의 아기집으로 돌아가 어머니 여신이 새로운 삶을 허락하기를 기다리는 것이다.

바위에 생명의 힘이 내재해 있으며, 바위가 어머니 여신의 몸이라는 관념은 후기 구석기시대에 이미 존재했을 수 있다. 바위가 여신이라면 바위 동굴은 여신의 자궁이 될 수 있기 때문이다. 후기 구석기시대의 사람들이 살았던 동굴 가운데 그 안의 오목한 공간에 죽은 이의 뼈를 넣거나, 사냥한 곰의 뼈를 모아둔 사

⓰ 순창 창덕리 남근바위
⓱ 부여 저동리 미암사 쌀바위

례가 발견되는 것도 바위로 모습을 드러낸 여신의 몸 안에 살았던 생명, 이제는 죽어버린 무엇을 돌려주는 행위일 수 있는 것이다.[24] 아이를 달라는 기자바위 신앙은 이런 관념에서 비롯되었을 가능성이 크다.

바위 곁을 떠나지 않는 사람, 돌로 만든 도구를 늘 몸에 지니고 다니는 사람, 바위 동굴이나 바위 그늘을 수시로 찾아가 흔적을 남기는 사람. 바위와 함께 사는 사람들이 바위에 특별한 관념을 투사한 결과 중 하나가 반구대 암각화일 것이다. 반구대에 새겨진 온갖 생명과 도구는 암각화를 남긴 사람들의 세계를 현장성 있게 보여주는 것이기도 하지만, 그들과 바위의 관계를 구체적으로 보여주는 기도와 대화, 소망과 응답의 과정, 내용을 담아낸 한 시대의 기록이기도 하다.

9

◎

신석기시대

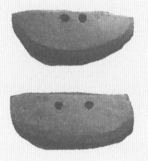

반구대 암각화 바위도 신석기시대 사람들이 발견한 신성한 공간의 하나다. 태화강 중류, 바다의 짠 내를 맡을 수 있는 곳에 살던 사람들이 강을 거슬러 오르고, 개울물이 흘러 내려오는 곳을 따라 걷다가 찾아낸 신령스러운 바위 절벽이다.

．
．
．

돌로 만든 도구를 애지중지하고 늘 몸에 지니고 다닌 건 구석기시대나 신석기시대가 다르지 않다. 두 시대는 돌을 다듬는 방식이 달랐다. 오랜 기간 사람들은 주먹 크기의 돌을 이리 다듬고 저리 손보아 정교하기 이루 말할 수 없는 찌르개나 도끼로 만들었다.

구석기시대에서 중석기시대로 넘어가면서 더는 거칠게 다듬은 돌 도구를 쓰지 않고 나무막대에 손톱 크기로 다듬은 돌날을 여럿 끼워 이전의 것들과는 다른 생김새의 보다 다루기가 쉽고 효율적인 도구가 출현했다. 정교하게 다듬은 뒤 조합하여 만든 도구 다음에 나타난 것이 잘 갈아서 매끈거리고 날카로운 새로운 형식의 도구들이다.

후기 구석기시대의 유물에서 눈에 띄는 것은 신성한 존재, 성스러운 관념이 투사된 작품들은 잘 갈고 다듬어 만든 것이라는 사실이다.[25] 물론 일상생활을 위한 도구는 여전히 깨면서 다듬어 만든 것이었지만, 종교적 심성과 관련된 것에는 그에 적합한 정성을 기울였다. 표면을 매끄럽게 다듬은 것도 이 때문이다. 신석기시대에는 일상의 도구조차 갈아 만들었다.

보통 농경의 시작을 신석기혁명이라고 하지만, 신석기시대를 알리는 막이 오르면서 바로 농경이라는 새로운 방식의 식량 생산이 시작된 것은 아니다. 어디선가 서서히 그런 시도가 있었고 경험이 쌓이고 있었다 할지라도 돌을 갈아 만든 도구를 쓰던 이들 대부분은 여전히 무리 지어 사냥에 나섰고, 먹거리가 될 만한 애벌레를 찾아내고 식물의 뿌리를 거두러 다녔다. 그런 과정에서 종교적 심성을 한곳에 모아 드러내려는 의지가 일시적일지라도 대단히 거대한 공동체를 만들어냈는데, 터키의 괴베클리 테페가 이런 무리가 남긴 신석기시대 초기 신전의 집합소이다.[26]

기원전 만 년을 넘나드는 중근동의 신석기시대 초기 유적 가운데 농경을 시도한 흔적이 제대로 보이는 사례는 많지 않다. 레반트 지역 예리코에서는 기원전 9400년까지 거슬러 올라가는 무화과 재배의 증거가 발견되었고, 기원전 15000년에서 기원전 7000년까지 정주문화의 흔적이 남아 있는 중석기시대 나투프 유적의 후기 문화층에서 곡물 생산을 시도한 흔적이 일부 확인될 뿐이다.[27] 기원전 만 년까지 거슬러 올라갈 수도 있는 초기 곡물 생산 증거의 발견에도 불구하고 레반트에서 시작된 농경 생산 활동이 주변 지역으로 널리 퍼지기까지는 오랜 시간이 걸렸다.

기원전 8천 년까지 거슬러 올라가는 한국의 신석기시대에도 후기에는 농경이 시작되지만,[28] 그 흔적은 이웃 중국에 비해 미미한 편이다. 일부에서 기원전 2700년 이후를 신석기시대로 평가하는 것도 이때부터 밭농사 중심의 농경 흔적이 확인되기 때문이다. 일반적으로 한국에서는 신석기시대 후기에 농경 생산이 시작되었음에도 채집과 사냥, 어로 등이 식량 확보의 주된 방식이었다는 평가가 지배적이다.

몇 곳에 불과한 울산지역의 신석기시대 유적에선 농경 생산의 흔적이 확인되지 않는다. 이 시기 사람들의 삶의 무대는 해변이나 강변이었고, 어로와 사냥이 삶을 꾸려가는 수단이었다. 대규모 패총 유적은 확인되지 않지만, 아마도 황성동과 같이 바닷가에 살던 신석기시대 울산 사람들에게는 채취가 쉬운 조개나 얕은 바다에서 낚시 등으로 잡아내는 물고기가 주요 식량의 일부였을 것이다.[29]

사냥과 어로, 채집으로 살아가는 사람들의 생활 반경은 농경시대 사람들의 그것보다 몇 배 넓다. 인구 밀도도 매우 낮았으므로 삶터에서 반경 20km 전후 지역을 돌아다녀도 다른 무리의 사람들을 만날 가능성은 그리 크지 않았다. 사람들은 먹거리를 찾아 돌아다니다가 신성한 기운이 풍기는 곳에 이르면 이를 기억해 둔 다음 무리의 다른 사람들이나, 먼 친척이자 협력 관계에 있는 다른 무리에게 알리기도 했다.

터키의 괴베클리 테페는 이런 전파 과정을 거쳐 한곳에 모인

⓲ 낚시(신석기시대, 국립중앙박물관)
⓳ 그물(신석기시대, 국립중앙박물관)
⓴ 돌도끼가 부장된 무덤(신석기시대, 울진 후포리, 국립경주박물관)

큰 무리가 남긴 신성 유적이다. 오스트레일리아 북부의 카카두 국립공원의 바위그늘 유적은 현재까지 원주민인 애보리진들의 신성 구역으로 기능하는 수만 년 된 모임 장소이다. 작고 큰 신성 구역은 세계 어디나 있었고, 신석기시대 사람들은 그런 '살아있는 신성 공간'에 모여 지난 일을 돌아보고 미래를 내다보며 신과의 대화를 시도했다.

반구대 암각화 바위도 신석기시대 사람들이 발견한 신성한 공간의 하나다. 태화강 중류, 바다의 짠 내를 맡을 수 있는 곳에 살던 사람들이 강을 거슬러 오르고, 개울물이 흘러 내려오는 곳을 따라 걷다가 찾아낸 신령스러운 바위 절벽이다. 아마 처음 여기에 온 사람들은 누구나 할 것 없이 '여기다!' 했을 것이다.

10

◎

예술가

암각화 작업을 하던 예술가들은 샤먼이나 사제에 해당하는 사람이기도 했다. 종교 활동은 사람이 무리 생활을 하면서 시작된 일이었고, 이런 일을 주재한 이는 종교적 심성이 깊고 영성이 높은 사람이었을 것이다.

:

무리에 속한 아무나 바위에 그림을 새기지는 않았다. 돌을 쪼개고 갈아 도끼며 칼을 만드는 게 아무나 쉽게 할 수 있는 일이 아니듯이 바위 새김도 신비한 기운을 받고 특별한 능력을 발휘할 수 있는 사람이 했다. 물론 이런 사람에게 어떤 능력이 있는지는 무리 안의 모든 사람이 알고, 인정했을 것이다.

후기 구석기시대 유럽 동굴벽화나 바위 그늘 암각화의 사례로 보아 바위에 그림을 남긴 사람들은 관찰력과 표현력이 탁월한 사람들이었다. 선 몇 개로도 대상의 특징을 정확히 잡아내 보는 이가 그려진 것이 무엇인지, 어떤 상태인지도 알 수 있게 했다. 이런 능력을 갖춘 사람이 대상의 윤곽을 그려내고 채색까지 했다면 그림의 완성도가 어느 정도인지 짐작할 수 있을 것이다.[30]

작은 자갈돌을 손에 쥐고 바위에 선 하나를 긋는 일은 누구나 할 수 있지만, 바위에 특정한 형상을 그려내는 일은 아무나 하지 못한다. 바위는 단단할 뿐 아니라 결이 있어 원하는 대로 선을 긋기도 쉽지 않다. 오랜 기간 어떤 방식으로든 '바위에 형상 그리기' 훈련을 거친 사람이 아니면 손에 쥔 돌을 바위에 대기도 조심스러울 수밖에 없다.

바위에 선을 긋거나, 바위 면을 쪼고 갈아서 나타낸 형상은 수백 년 정도가 아니라 수천 년, 심지어 만년 이상 바위에 남는다. 백 년을 살지 못하는 사람은 몇 십 세대를 거듭하며 볼 수 있고, 천년을 하루처럼, 하루를 천년처럼 산다는 신도 보고, 또 볼 수 있는 게 바위그림이다. 반쯤 영원성을 갖춘 그림인 것이다.

이런 성격의 그림을 구상하고 바위에 새기는 일을 하거나 해온 사람은 시간을 두고 신중하게 준비하기 마련이다. 보편적인 바위 신앙에 바탕을 두고 시도하는 일이고, 사람과 신 사이의 대화라는 성격을 지닌 일인 만큼 예술가 또한 영성을 최대한 끌어올리며 그림 작업이 시작될 날을 기다리기 마련이다. 오늘날에도 가치와 의미가 있는 일을 시작하는 이들이 사전에 목욕재계하고 몸과 마음을 정갈하게 하는 습관을 지니고 있다는 사실을 고려하면 이는 충분히 예측 가능한 행위다. [31]

암각화 작업을 하던 예술가들은 샤먼이나 사제에 해당하는 사람이기도 했다. 종교 활동은 사람이 무리 생활을 하면서 시작된 일이었고, 이런 일을 주재한 이는 종교적 심성이 깊고 영성이 높은 사람이었을 것이다. 동굴벽화를 그리거나 암각화를 제작하는 것이 예술적, 종교적 성격을 동시에 지니는 일이었음을 고려하면, 이런 일 또한 무리 안에서 종교 활동을 주재하는 사람의 몫일 수밖에 없다.

㉑ 집자리 내부(신석기시대, 양양 오산리)

　예술가들은 자신의 세계가 뚜렷한 까닭에 평소에는 고립적이
기 쉽다. 사제나 샤먼도 마찬가지다. 공적인 장소에 나와 활동하
는 시간 외에는 평범한 삶의 공간에서 벗어나 신성에 보호받는,
무리의 다른 사람들이 접근하기 조심스럽게 여기는 곳에 머무르
는 게 일반적이다. 신이 어른거리는 곳, 일상에서 벗어난 곳에 홀
로 있는 것이다.

11

◎

해석

삶터에서 떨어진 특별한 장소를 찾아내고 여기에 사냥과 관련한 그림을 바위에 새겨 남긴 사례는 세계 곳곳에서 찾아볼 수 있다. 일종의 신성 공간인 암각화 바위 지역을 찾아가는 과정도 의례의 한 부분이고, 현장에 머무르며 암각화나 암채화를 더하는 행위도 의례의 한 과정이다.

:

'보이는 그대로'라고 해도, 사람마다 보이는 게 다르다면 어쩔 것인가? 시대를 거슬러 올라갈수록 아는 건 적어지는 게 당연하다지만, 실제 개별 유적이나 유물을 보면서 이런 상식을 적용하려는 이는 드문 게 현실이기도 하다. 눈에 띄는 게 다가 아니라는 평범한 가르침에 고개를 끄덕이면서도 현재의 지식과 경험을 과거에 적용하여 해석을 시도하는 게 우리네 모습이다.

반구대 바위에 새겨진 350여 개의 물상은 새겨진 시기도 새긴 사람도 다르다.[32] 심지어 새긴 사람의 생활 방식과 관념 세계도 같지 않다. 반구대 암각화는 오랜 시간이 흐르면서 서서히 완성된 집단 창작품이다. 서로 다른 시각과 창작 방식이 교차하며 버무려진 작품이기도 하다.

처음 반구대 암각화를 발견한 이들은 완성된 작품이 자아내는 아우라에 경외감을 느꼈을 것이다. 장대한 스케일의 서사적인 작품을 만났을 때 느낄 수밖에 없는 벅찬 감동이 이들의 가슴을 가득 채웠을지도 모른다. 그러나 말 그대로 보이는 것이 다는 아니다. 물상 하나, 하나가 새겨지면서 이루어내는 풍경은 시시각각 달랐을 것이고, 이를 보는 사람들이 그때그때 가슴에 담아내던 소망도 하나같지 않았을 것이기 때문이다.

발견 초기에 반구대 암각화를 보러 온 이들은 암각화가 짧은 기간 안에 새겨져 완성되었다고 보았다. 바위라는 캔버스에 미리 구상한 물상들을 배치하는 방식으로 암각화를 제작했다는 것이다. 그러나 세계 다른 지역 암각화의 분석 결과는 이런 이해와 다르다. 짧게는 수천 년, 길게는 수만 년이라는 오랜 시간이 흐르면서 완성되어가는 암채화나 암각화도 적지 않기 때문이다.

어떤 이들은 바위에 형상을 만들어내는 데에 사용된 도구를 금속기로 보기도 했다.[33] 철제 도구를 사용하던 시기에 암각화가 만들어졌다는 것이다. 이는 돌의 경도가 각각 다르며, 반구대 바위가 세일 계통의 비교적 무른 암질이라는 사실을 고려하지 않은 것이다. 암질이 무르면 석영 정도의 경도를 지닌 돌을 사용하면 바위를 쉽게 쪼아낼 수 있다. 석기시대의 석제 도구를 만드는 데에 사용한 것도 돌 아닌가?

반구대 암각화를 본 어떤 이들은 짐승을 사냥하는 방식, 고래를 잡는 법을 가르치기 위한 교육용 그림이 암각화라고 해석했다.[34] 그림을 하나씩 잘 뜯어보면 사냥 교육을 위한 단계별 묘사를 읽어낼 수 있다는 것이다. 이는 그림을 보이는 그대로 해석하는 습관에서 비롯된 이해 방식이다. 선사시대나 고대, 심지어 근래까지도 사냥이 삶의 방식인 사람들은 아이가 어느 정도 성장

㉓ 반구대 암각화 앞을 흐르는 대곡천

하면 데리고 다니면서 체험으로 익히게 했지, 그림을 그려 가르쳐주지는 않았다. 사냥은 상황에 따라 현장에서 임기응변식으로 대응하며 이루어져야 하는 경우가 많기 때문이다.

삶터에서 떨어진 특별한 장소를 찾아내고 여기에 사냥과 관련한 그림을 바위에 새겨 남긴 사례는 세계 곳곳에서 찾아볼 수 있다. 일종의 신성 공간인 암각화 바위 지역을 찾아가는 과정도 의례의 한 부분이고,[35] 현장에 머무르며 암각화나 암채화를 더하는 행위도 의례의 한 과정이다. 반구대 암각화도 종교적 심성이나 관념에 바탕을 두고 제작된 종교의례의 결과물이다. 암각화에서 작업한 사람들이 살던 시대의 생태환경이나 생활 방식에 관한 정보를 얻을 수 있다 하더라도 작품의 바탕을 이룬 종교 관념이나 신앙은 현장에 그대로 녹아 있다고 할 수 있다.

12

◎

숨은 그림

반구대 암각화도 수천 년에 걸친 암각 작업의 결과물이다. 초기의 암각에서 새로운 물상이 더해지면서 마치 처음부터 제재의 배치가 그럴듯하게 구상되었던 것처럼 보이지만, 실상은 새로운 형상을 더 새겨 넣는 과정을 거친 뒤 구상의 효과를 나타내는 것일 수도 있고, 작가가 이전 암각을 전제로 새 형상을 더한 구상을 먼저 머릿속에서 정리한 뒤 새김을 추가했을 수도 있다.

⋮

유적 발굴조사에서 힘든 일 가운데 하나가 켜켜이 쌓인 문화층을 한 겹, 한 겹 들어내야 할 때다. 특히 문화층의 두께에 변화가 많을 뿐 아니라 후대 문화층에 의해 앞 시기 문화층이 불규칙하게 교란되었을 경우, 작업하기가 아주 까다롭고 조심스럽다. 도대체 문화층의 어떤 부분이 파괴되고 사라졌으며, 교란 과정에서 뒤섞인 유물이 어떤 것인지 명확히 드러나지 않을 때도 종종 있기 때문이다.

수천 년 동안 작업이 계속된 암각화도 마찬가지이다. 최초의 암각 작업이 이루어진 뒤, 같은 기법으로 여러 세대에 걸쳐 새김이 계속되는 과정에 그림이 일부 겹치기도 하고, 다른 기법으로 앞 시기 작업 결과를 훼손하면서 형상이 더해지는 경우도 적지 않기 때문이다.[36] 결국, 후대에 새긴 비교적 뚜렷하게 잘 남아 있지만, 시기가 거슬러 올라가는 암각일수록 형상이 불분명해지는 것이다.

반구대 암각화도 수천 년에 걸친 암각 작업의 결과물이다. 초기의 암각에서 새로운 물상이 더해지면서 마치 처음부터 제재의 배치가 그럴듯하게 구상되었던 것처럼 보이지만, 실상은 새로운 형상을 더 새겨 넣는 과정을 거친 뒤 구상의 효과를 나타내는 것일 수도 있고, 작가가 이전 암각을 전제로 새 형상을 더한 구상을 먼저 머릿속에서 정리한 뒤 새김을 추가했을 수도 있다. 분명한 것은 새로운 형상이 더해질 때마다 전체적인 구상의 변경 여부와 관계없이 앞 시기 암각의 형상은 이지러진다는 것이다.

그렇다면 끊임없이 이지러져 원형을 잃어가는 형상을 어떻게 다시 읽어낼 것인가? 사실 뾰족한 해결 방안은 없다. 유적 발굴처럼 후대의 형상부터 한 겹씩 조심스레 벗겨나가며 이전 형상의 남은 조각들을 퍼즐처럼 맞추어 나가는 게 최선이다. 물론 이를 위해서는 세밀하고 철저하게 바위 면의 결까지 살펴보며 암각을 위해 바위를 타격한 흔적과 자연적으로 형성된 균열선이나 돌조각이 떨어지고 풍화로 얇아진 부분까지 하나, 하나 구별해 내야 한다.

특히 조심스럽게 보아야 하는 것은 세 차례, 혹은 네 차례씩 타격 흔적이 겹치고, 새김에 이은 갈아내기가 이루어진 부분이다.[37] 마지막 암각화 제작 단계에서 집중적으로 이루어진 갈아내기는 앞 시기의 암각 흔적마저 없앤 까닭에 이런 곳에서 초기 암각의 원형을 되살리기는 사실상 어렵다. 퍼즐 조각이 거의 남지 않은 곳에서는 상상력을 발휘하기조차 쉽지 않다.

그러나 그렇지 않은 부분에서는 얕고 부드럽게 쪼아진 타격

❷❹ 반구대 암각화: 암각이 여러 차례 겹친 부분

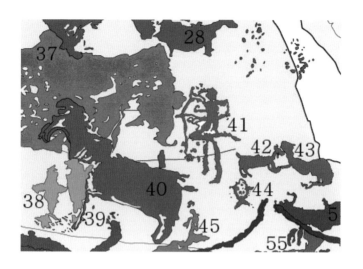

흔적도 주의 깊게 살펴볼 필요가 있다. 초기의 암각은 형상이 그리 크지 않으므로 작은 타격 흔적이라도 놓치지 않고 잘 모아 보면 외관만 살짝 드러난 작은 짐승의 모습이 되살아날 수도 있기 때문이다. 실측도에서 미상으로 처리된 형상 대부분은 초기 암각의 결과물들이다. 지금까지는 밝혀내지 못했지만, 여전히 숨어 있는 형상을 하나라도 다시 읽어낸다면 수천 년 전 바위에 첫 새김을 시도하던 이들도 '드디어 밝혀냈구나' 하며 감격의 눈빛을 보낼지 어찌 알겠는가?

㉕ 암각이 여러 차례 겹친 부분 실측도

13

◎

당위와 소망, 왜곡

이제는 진지하게 실측 도면이 실제를 그대로 드러내고 있는지 물어봐야 할 때다. 누구나 보고 동의할 수 있는 도면 제작이 시도되어야 할 시점이다. 없는 걸 있다고 해도 안되고, 보이는 걸 보이지 않는다고 우겨도 곤란하다. 어쨌건 이미 공개된 것보다 더 정확한 도면이 제시될 때, 반구대 암각화를 문화 콘텐츠나, 스토리텔링 콘텐츠로 활용하는 일도 시작될 수 있을 것이다.

．
．
．

'정말 저게 배에서 이어진 선이에요. 바위엔 그런 선이 없던데!?' 좀 의심스럽다는 투로 말을 건네자, 대뜸 언짢은 표정과 말투로 대꾸한다. '그럼 내가 없는 선을 만들어냈다는 겁니까? 거짓말했다는 거요?' 분위기가 험악해질까 봐 주위의 몇몇 사람에게 둘 사이 다툼을 말리라는 신호를 보내지만, 사람들은 오히려 재미있다는 듯, 어떻게 되는가 보자는 태도다. '이보쇼! 고래를 잡았는데, 고래와 배 사이에 줄이 없으면 어떻게 고래를 끌고 와요? 손으로 잡아당겨요? 저 큰 고래를?'

아니다. 저런 식으로 고래와 배 사이를 잇는다면 고래가 잠수하지 못하게 하는 부구(浮具)도 있고, 고래에 꽂힌 작살 끝도 보여야 하는데, 그런 거 새겨 넣지 않은 건 어떻게 설명하려나? 굳이 배와 고래 사이를 줄로 이어 놓아야 사냥했다는 증거가 되는가? 정말 저게 배고, 저 배가 고래를 사냥했다는 게 사실인가?

때로 소망과 당위는 보이지 않는 것도 보이게 하고, 없는 것도 있게 만든다. 고래와 배 사이의 선도 마찬가지다. 이전에 오랜 기간 반구대 바위를 들여다보았던 이들이 발견했던 선이 어떻게 갑자기 저렇게 선명하게 보이나? 그냥 그물처럼 보이던 선들이 지금은 왜 배로 보이지? 그것도 예닐곱 명 정도가 아니라 열명 이상의 사람이 탄 배로. 열 명이 넘는 사람이 타기에 저런 배는 너무 작은 게 아닌가? 어떻게 저렇게 열 명 이상이 탈 수 있는 배를 만들었지? 파도가 아예 잔잔하지 않으면 저런 배를 타고 먼 바다로 나가긴 힘든데? 울산만 안쪽에서 고래 사냥했다 하더라도 쉽게 뒤집힐 수 있는 저런 배에 열 사람 이상이 타고 고래 가까이 갔다고? 의문이 꼬리에 꼬리를 문다.

반구대 암각화를 실측해 만들었다는 도면이 때로는 보는 이를 혼란에 빠지게 만들기도 한다.[38] '정말일까?' 특히 사냥 장면을 되살린 것처럼 보이는 배와 고래 사이의 선은 실체가 불분명하다는 느낌을 준다. 그냥 바다를 헤엄쳐 가는 듯이 보이는 거대한 고래를 고래잡이배와 선으로 이어 실제 사냥당한 듯이 보이게 하려는 의지가 오히려 뚜렷이 가슴에 와 닿는다는 느낌이 들기 때문이다.

사람은 살면서 저도 모르게 당위와 소망을 섞어 사실로 만들어 버리고는 한다. 이를 위해 때로는 기억을 편집하기도 한다. 결국, 자기 자신까지 속이는 것이다.

이미 잘 알려진 것에서 뭔가 새로운 걸 찾아내고 싶어 하면, 오랫동안 그런 생각을 마음에 담고 있다가 어느 순간 찾아내고(?), '심봤다!'하는 식이다. 이런 경우, 새롭게 찾아낸 것은 그동안 아

㉖ 반구대 암각화: 고래와 배
㉗ 반구대 암각화: 고래와 배(실측도)

무도 찾아내지 못했던 것이기도 하고, 실제 존재하지 않는 것을 반(半) 우격다짐으로 그리다시피 억지로 만들어낸 것일 가능성이 크다.

물론 이런 일은 그것을 좋아하고, 심지어 그것에 집착해야 가능하다. 별 관심도 없는 것에서 새로운 뭘 찾아내는 일은 없기 때문이다. 특별히 많은 이들이 주목하고, 관심을 보이는 것에서 새로운 걸 발견하는 일만큼 흥미로운 사건이 어디 있겠는가?

반구대 암각화는 발견 이래 수십 년 동안 호사가나 연구자들 사이에서만 언급되던 유적이었다. 호사가, 연구자라고는 하지만, 암각화학이나 선사학, 특히 선사미술사가 학계의 관심 분야도 아니고, 실제 이런 분야에 매달리는 이도 손가락에 꼽을 정도로 적었다는 사실을 고려하면, 사실상 잊힌 채 오랜 시간이 흘렀다고 해도 과언이 아니다.

발견된 지 20여 년이 훌쩍 지나 재평가가 시도되고, 보존 관리에 대한 열망이 높아지면서 반구대 암각화를 눈여겨보는 이가 많아지자, 연구자는 거의 늘지 않은 상태에서 나름의 전문성을 바탕으로 새로운 해석이 띄엄띄엄 시도되었다.[39] 이 와중에 이루어진 몇 차례의 유적 실측 작업의 결과도 도면과 사진으로 세상에 공개되었다.[40]

이제는 진지하게 실측 도면이 실제를 그대로 드러내고 있는지

물어봐야 할 때다. 누구나 보고 동의할 수 있는 도면 제작이 시도되어야 할 시점이다. 없는 걸 있다고 해도 안 되고, 보이는 걸 보이지 않는다고 우겨도 곤란하다. 어쨌건 이미 공개된 것보다 더 정확한 도면이 제시될 때, 반구대 암각화를 문화 콘텐츠나, 스토리텔링 콘텐츠로 활용하는 일도 시작될 수 있을 것이다.

14

◎

바위 씻기

삶터에서 떨어진 특별한 장소를 찾아내고 여기에 사냥과 관련한 그림을 바위에 새겨
남긴 사례는 세계 곳곳에서 찾아볼 수 있다. 일종의 신성 공간인 암각화 바위 지역을
찾아가는 과정도 의례의 한 부분이고, 현장에 머무르며 암각화나 암채화를 더하는 행
위도 의례의 한 과정이다.

유적, 유물에 생각보다 많은 정보가 담겼다는 사실이 때론 공허한 지식이 될 수 있다. 이는 상식의 범위나 정도가 사람에 따라 달라 '당연히'가 당연하지 않은 일이 되기 쉬운 까닭이다. 누구나 아는 듯해도 실제 현장에 이를 적용하는 사례를 찾아보기 어려운 것도 마찬가지 이유에서다.

고고학적 발굴조사는 인력과 예산 부족에 더하여 예정된 작업 종료 시일에 쫓기는 경우가 많지만, 조사를 이끄는 이가 유적의 성격을 제대로 파악하지 못해 조사 공간에 대한 학술 정보를 제한적으로 수집하는 데 그치는 경우도 적지 않다. 청동기시대 고인돌 매장 시설의 상부만 조사하고 그치는 사례가 있었던 것도 이런 까닭이다. 매장 시설이 상하 이중으로 만들어져 유골이 놓인 석곽 아래에 껴묻거리를 묻는 공간을 따로 만들어 두었을 가능성을 고려하지 않는다면,[41] 발굴조사는 유골과 주위의 껴묻거리를 수습하는 것으로 끝날 수밖에 없다.

근래에는 발굴조사로 수습된 유물뿐 아니라 유물과 유적 주변의 토양까지 채취하고 분석하여 눈에 보이지 않았던 학술 정보를 수집하는 일이 많아졌지만, 발굴조사 현장에서조차 수습된 유물을 깨끗이 닦거나 씻어내는 걸 당연하게 여기는 사례도 적지 않다. 유물 안팎에 당대 생활상이나 기후 환경 관련 정보가 찌끼 상태로, 혹은 토양에 섞여 남아 있을 가능성을 고려하지 않는다면, 흙이 묻거나 찌끼가 붙은 유물을 씻고 닦아내는 일은 자연스럽게 받아들여질 수밖에 없다.

선사시대나 고대 유적 발굴조사 역사가 깊은 유럽에서는 유적이 형성될 당시의 기후 환경이나 생태, 생활상에 대한 정보를 수집하기 위한 작업을 다양한 방식으로 진행한다. 이중 가장 흔하게 사용되는 방법이 유물을 수습하고 유적을 발굴할 때에 후대의 경작이나 작업으로 오염되지 않은 토양을 채취하거나 유물에 붙거나 묻은 흙, 찌끼 등을 함께 수집하는 일이다.

선사시대 암각화는 오랜 세월, 수십 차례 새김이 이루어지다가 그친 뒤, 버려지거나 잊힌 뒤 수천 년, 심지어 만 년 이상 사람의 발길이 닿지 않게 된 경우가 적지 않다. 이런 까닭에 사람이 찾지 않게 된 그 시점까지의 역사, 생태 및 기후 환경 정보가 암각화 바위나 주변에 그대로 남아 있을 가능성이 커지는 것이다.[42] 새김이 이루어진 바위의 암각 면에 새김에 사용된 돌이나 다른 도구에서 떨어져 나온 작은 조각이 남아 있을 수 있고, 작업이 이루어지던 시점의 생태환경을 반영하는 꽃가루가 날아들어 얇게 덮였을 수도 있다.[43] 암각 면을 포함하여 바위 일부를 덮었던 이

㉙ 이끼류로 덮인 반구대 암각화 근처의 바위

끼류를 포함한 크고 작은 생명의 흔적도 그 시대와 이후의 생태
사를 복원하는 중요한 학술 정보를 제공해줄 수 있다.

　이런 가능성이나 사실을 고려하면, 새로 발견된 암각화 바위
를 씻는 일은 유적에 남아 있는 역사를 지우는 행위와 다를 바
없다. 암각화를 더 자세히 보고 그리거나, 암각화를 복제해내기
위한 전제 작업으로 바위에 물을 뿌려 씻어내려 해서는 안 될 것
이다. 암각화를 남긴 사람들의 모습, 생각, 이들이 사용한 도구,
이들이 살던 생태환경에 대한 학술 정보를 지워낸 뒤, 남은 암각
화만으로 무엇을, 얼마나 더 알아낼 수 있겠는가?

무더기 위에 무더기
돌 위에 흙
흙 위에 돌
천년 위에 천년

풀 위에, 나무와 돌 쪼가리 위에
고운 흙먼지 덮이고
씨앗 터져 싹 나고 새 씨앗 떨구기까지
백년, 천년, 만년

얼음 녹아
언덕이 바다 되고
숲이 사막 되어
여기는 조개껍데기
저기는 뼈 무더기

역사가 별 건가
때 되어 풍경 바뀌듯
너도 나도
기억 너머로 아득해지는
거기

바위

바위다
산밖에 없는 한국에
마을마다 미륵이고
동리마다 장승이니
바위 만나지 않고
한 걸음 뗀 적 있던가

바위그림

갈고 또 간다
기도다
긋고 긋는다
기도다

아기 주먹 들어갈 구멍 되고
엄마 손가락 너비 선 되었다
기도다

간절하게 읊조리고
눈물 콧물 범벅 되며
고개 조아린 흔적이다
바위그림은 다
기도다

기
도
바
위

쌓이고 쌓였지만
이젠
아무도 모른다
발이 닳도록 다녔지만
지금은
누구도 찾지 않는다

바위는 여전히 거기
있고
개울은 지금도 그 앞을
흐른다
빛은 늘 그 자리를 비추어도
오늘
사람 자취는 없다

1

◎

두 번째 새김

새롭게 이런 면 새김 기법을 쓴 데에는 어떤 의도가 있었을 것이다. 선 새김과 다르게 면 새김은 새김을 시도한 예술가에게 더 많은 공력이 들게 하는 까닭이다. 아마도 이 역시 신에게 기도하는 자세를 반듯하게 하고, 소망을 표현하는 강도를 더하기 위해서가 아닐까?

반구대 바위의 두 번째 새김은 화면으로 쓰인 바위면 대부분에서 이루어졌다. 물론 이 경우도 한 차례 작업으로 화면 전체가 채워진 것은 아니다. 후기구석기시대부터 신석기시대까지 제작된 포르투갈 코아 암각화나 선사시대와 역사시대를 아우르는 프랑스의 몽베고 암각화, 이탈리아의 발카모니카 암각화의 사례에 비추어 보아도 짧아도 천 년, 길게는 수천 년에 걸쳐 여러 차례 새김 작업이 이루어졌을 것이다.

두 번째 새김이 시작될 때, 암각 예술가들은 이전과는 다른 기법을 사용했다. 표현 대상의 윤곽을 선으로 잡아낸 다음 선 안을 모두 파내는 면 새김 기법을 썼다. 이전의 작품에는 보이지 않던 기법이다.

새롭게 이런 면 새김 기법을 쓴 데에는 어떤 의도가 있었을 것이다. 선 새김과 다르게 면 새김은 새김을 시도한 예술가에게 더 많은 공력이 들게 하는 까닭이다. 아마도 이 역시 신에게 기도하는 자세를 반듯하게 하고, 소망을 표현하는 강도를 더하기 위해서가 아닐까? 실제 표현 대상이 하나같이 아무런 무늬도 없는 민무늬 짐승은 아니기 때문이다.

0   0.5   1m

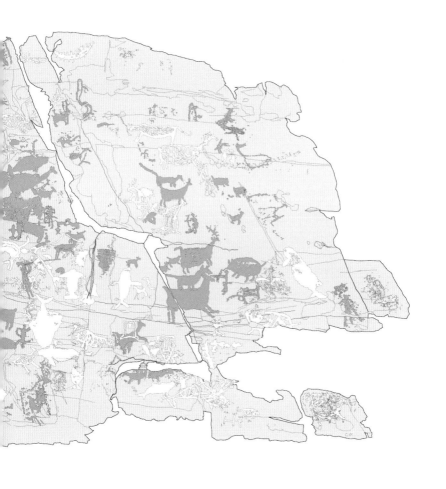

❶ 반구대 암각화 주암면 실측도: 두 번째 새김

면 새김으로 새겨진 것들은 대개 초식동물의 특징을 지닌 것들이다. 머리보다 몸이 크고 꼬리는 짧다. 어깨가 눈에 띌 정도로 뚜렷이 솟지 않았으며 다리는 1자로 뻣뻣하다. 이런 특징은 사슴을 비롯한 우제목 계통 짐승에게서 공통으로 보인다.

화면 속 면 새김 짐승들은 여러 군데 무리를 이루고 있는데, 이는 특정한 사건이나, 일화와 관련되었을 가능성이 크다. 물론 이미 일어난 일이면서 반복적으로 일어나기를 바라며 새겨진 경우이다. 지금으로서는 어떤 사건, 혹은 일화를 가리키는지 알 수 없다. 그러나 정황상으로는 사냥 대상이 되는 특정한 짐승 무리와 마주쳐 성공적으로 사냥했던 경험, 기억과 관련 있는 듯하다.

생계 수단이 사냥인 무리는 오랜 경험과 기억을 바탕으로 사냥을 시도한다.[1] 특정한 짐승 떼가 나타나는 시기와 장소, 짐승의 여러 가지 습관, 무리의 구성 방식, 새끼를 낳아 기르는 시기, 좋아하는 먹이 같은 걸 알지 못한 상태로 사냥에 나서는 건 별다른 소득 없이 산과 숲, 들판을 며칠이고 헤매고 다니겠다는 선언이나 다름없기 때문이다.

사냥이 직업인 무리는 심지어 사냥하려는 짐승들의 수가 얼마나 늘어나거나 줄었는지, 암수의 구성이 어떻게 되며 가장 힘센 수컷이 어떤 놈이고 새로 난 새끼가 몇 마리나 되는지도 안다.[2] 면밀한 관찰, 이에 바탕을 둔 지식 없이 사냥에 나서지는 않는다.

　사냥꾼 무리는 매우 구체적으로 사냥 대상 무리를 파악한 뒤 사냥할 개체를 선택하고 사냥에 들어가는 게 일반적이다. 나이 든 수컷이나 무리 안에서 상대적으로 소외된 수컷을 먼저 사냥하고 번식 능력이 한창인 암컷, 성장기에 있는 새끼는 그대로 둔다.[3] 사냥은 해마다, 계절마다 이루어져야 하고, 사냥 대상 짐승의 수가 줄어들면 안 되기 때문이다. 아마도 이런 사냥 습관에서 한 걸음 더 나간 것이 특정한 짐승 떼를 길들여 가축으로 삼는 일일 것이다.

2

◎

풍경

인간이 크고 작은 짐승을 꾸준히 사냥하고, 주변 숲과 들판의 견과류나 과일, 뿌리식물을 지속해서 채집하면 인간이 무리 지어 사는 곳, 혹은 무리 지어 움직이는 곳의 환경은 변화하게 된다. 짐승의 수가 줄거나 수목 구성에 변화가 일어나 생태계 구성이 달라지면 풍경도 서서히 달라지기 마련이다.

:

사람들은 무의식중에 현재를 과거에 대입하고, 과거와 동일시한다. 시간이 흘렀다는 사실을 의식하지 않거나, 짐짓 무시하고 모른 체하는 것이다. 시간이 흐르면 변하는 것 가운데 하나가 풍경이다.

오늘날 많은 한국인에게 익숙한 풍경은 곳곳에 아파트 단지가 있고, 큰길 곁으로 고층빌딩이 들어선 도시의 풍경이다. 물론 도심을 벗어나면 논과 밭, 과수원, 숲과 산, 강이 보이지만, 대다수 한국인이 일상 속에 만나는 풍경은 아니다.

반구대 암각화를 보면서 이 작품을 남긴 사람들이 살던 곳을 현대사회의 도시와 같았을 것으로 생각하는 이는 없을 것이다. 그러나 시골의 고즈넉한 풍경 속의 소박한 움막집 마을을 상상하는 이는 적지 않으리라. 혹 박물관에서 얼핏 본 신석기시대 후기 바닷가나 강변의 마을을 머릿속에 그려보는 이가 있을지도 모르겠다.

사람을 둘러싼 풍경은 끊임없이 바뀌지만, 정작 그런 풍경 속에 사는 이들은 풍경을 바꾸어가는 당사자이면서도 둘레의 풍경이 달라진다는 사실을 인식하지 못한다. 자연을 구성하는 인자의 하나로 살아가던 구석기시대부터 알게 모르게 풍경을 바꾸어 나간 게 사람인데도 그걸 모른 건, 끊임없이 바뀌는 풍경이지만, 조금씩 바뀌는 풍경에 쉽게 익숙해진 까닭일 수 있다.

인간이 크고 작은 짐승을 꾸준히 사냥하고, 주변 숲과 들판의 견과류나 과일, 뿌리식물을 지속해서 채집하면 인간이 무리 지어 사는 곳, 혹은 무리 지어 움직이는 곳의 환경은 변화하게 된다. 짐승의 수가 줄거나 수목 구성에 변화가 일어나 생태계 구성이 달라지면 풍경도 서서히 달라지기 마련이다. 당장은 아니더라도 초식동물이 어떤 풀이나 나뭇잎을 더 뜯어 먹고 덜 먹는 일이 계속되면, 이와 관련된 연쇄 현상이 일어나 초원의 한쪽이 관목 숲이 될 수도 있고, 아름드리나무로 가득한 숲의 크기가 줄어들 수도 있다.

반구대 암각화를 남긴 사람들이나 반구대 바위 주변의 풍경도 시기에 따라 변화를 거듭하였을 것이다.[4] 반구대 바위에 뭍짐승과 사람, 고래와 배를 새긴 사람들이 살던 태화강 주변과 울산만 연안의 풍경도 늘 같았다고 보기는 어렵다. 사람이 마을을 이루고 살던 때와 그렇지 않은 시기에 차이가 있었을 것이고, 뭍짐승 사냥이나 고래잡이가 활발할 때와 그렇지 않을 때가 달랐으리라.

기후가 전체적으로 온난해지면 빙산과 빙하의 크기가 줄어들

❸ 대곡천 일대

면서 해수면이 상승한다. 차가워지면 남북극의 얼음지대가 확장되고, 높은 산맥의 빙하도 발달하여 해수면이 내려간다. 홀로세 중기에 해당하는 신석기시대는 이전보다 따뜻했으므로 바닷물이 태화강 안쪽으로 깊숙이 들어오면서 울산만이 지금보다 넓었을 때다.[5] 울산 앞바다를 회유하던 귀신고래가 울산만을 찾아와 겨울을 지내기도 좋았을 것이다.

고래가 울산만 안쪽까지 접근하던 시기의 풍경이 암각화 바위의 고래 무리로 흔적을 남겼다면, 태화강이 후퇴하는 바다를 따라 동해안으로 깊게 밀고 내려가던 시기의 풍경은 반구대 바위의 맹수 그림으로 일부 표현되었다고 할 수 있다. 시기에 따른 풍경의 변화가 반구대 바위의 그림 속에 흔적을 일부 남긴 셈이다.

3

◎

신

인간 삶과 죽음의 주관자를 상정한 관념을 확대하거나 기능적으로 나누어 이해하려
들면 모든 생명체, 사냥하는 동물이나 사람에게 위협이 되는 맹수도 특별한 주관자의
손안에 있다는 생각도 할 수 있다. 통합적인 어머니 여신의 능력이 사람의 눈에 나뉘어
나타날 경우, 여럿의 여신으로 모습을 드러내는 게 하등 이상하게 여겨질 이유가 없다.

:

아주 이른 시기부터 인간은 신적 존재를 의식하고 찾았다. 후기 구석기시대의 작품인 사자머리의 인간은 단순히 하이브리드 생명체를 상상한 결과가 아니라 사자의 이미지를 덧댄 특별한 능력을 지닌 인간 이상의 존재에 대한 경외심의 표현으로 보는 게 좋을 듯하다.[6] 사람의 힘과 능력을 벗어난 생명체가 사람에게 호의적이라면 그보다 좋은 일은 없을 것이다.

후기구석기시대의 동굴 안에서 발견된 곰의 해골 역시 의미심장하다.[7] 제대처럼 솟은 바위의 편평한 곳에 올린 곰의 머리, 가지런히 잘 정리된 곰의 뼈는 곰을 숭배한 데서 비롯된 행위의 결과일 수도 있고, 사냥했던 곰이 환생해 다시 사냥할 수 있게 해달라고 신에게 기도하는 과정에 일어난 일일 수도 있다. 어떻든 제의적 관념과 관련한 행위가 수만 년 뒤 사람의 눈에 띈 것이다. 어떻든 제의는 신과의 관계를 전제한 행위가 아닌가?

후기구석기시대의 동굴벽화나 바위 그늘 암각화가 종교적 관념이 작용한 결과일 것이라는 생각에는 많은 이들이 고개를 끄덕거린다. 문제는 구체적으로 어떤 종교적 소망을 누구에게 펼쳤느냐는 것이리라. 기도의 대상이 누구냐는 것이다.

초기의 종교 관념에서 두드러지는 신앙 대상은 큰 여신, 혹은 어머니 여신으로 불리는 신이다.[8] 유럽의 후기구석기시대 유적에서 자주 발견되는 가슴과 엉덩이가 큰 여신들, 이른바 '비너스'들은 풍요 관념이 반영된 존재이다. 남동유럽과 중근동의 신석기시대 유적에서도 이런 유형의 여신상은 자주 발견되는 편이다.

신석기시대 유적에서 새롭게 확인되는 신앙 대상은 삶과 죽음을 주관하는 생명의 여신이다.[9] 이런 여신이 후기구석기시대에 이미 신앙의 대상으로 여겨졌는지는 불확실하지만, 인간에게는 변함없이 궁극적인 과제로 남아 있는 삶과 죽음을 누군가가 주관하리라는 관념이 신석기시대 이전에 존재했을 가능성을 배제할 필요는 없을 듯하다.

인간 삶과 죽음의 주관자를 상정한 관념을 확대하거나 기능적으로 나누어 이해하려 들면 모든 생명체, 사냥하는 동물이나 사람에게 위협이 되는 맹수도 특별한 주관자의 손안에 있다는 생각도 할 수 있다.[10] 통합적인 어머니 여신의 능력이 사람의 눈에 나뉘어 나타날 경우, 여럿의 여신으로 모습을 드러내는 게 하등 이상하게 여겨질 이유가 없다. 한마디로 사람의 삶을 주관하는 여신, 동물의 생명을 주관하는 여신, 모든 생명의 삶과 죽음을 관장하는 여신이 각각 나뉘어 등장하기도 하고, 통합된 큰 여신의 모습으로 자신을 드러낼 수도 있는 것이다.

❺ 토제 여성상(신석기시대, 울산 신암리유적 출토, 국립중앙박물관)
❻ 여신상(신석기시대, 시리아, 미국 메트로폴리탄박물관)

울산 신암리 신석기시대 유적에서 출토된 토르소 형태의 여인상은 남동유럽과 중근동 신석기시대 유적에서 수습되는 비교적 날씬한 여신상과 계통이 닿은 작품이다. 머리와 팔, 다리가 남아 있지 않지만, 현재의 모습으로도 정성 들여 만든 신상의 일종, 곧 여신상이라는 사실은 충분히 확인할 수 있다.

남동유럽과 중근동 유적에서 출토된 신상의 사례와 해석을 고려할 때, 여인의 몸이 지닌 아름다움을 그대로 드러낸 이 작품은 인간의 생명을 주관하는 여신일 가능성이 크다. 어머니 여신, 큰 여신으로 일컫는 생명의 주관자로서의 여신은 작게는 사람의 삶과 죽음에 관여하고 크게는 온 세계의 생명이 나고 죽는 모든 순간을 손안에 둔다.[11] 당연히 사람과 삶의 영역을 공유하는 수많은 생명은 이 어머니 여신이 주관한다. 반구대 바위에 암각화로 모습을 남긴 모든 짐승과 사람도 여신의 손에 생명을 맡기고 있는 셈이다.

4

◎

주술

바위에 뭔가를 블박으려면 바위에 그것을 형상화해야 한다. 그렇다면 그 블박인 것을 자유롭게 하려면 새겨진 것을 쪼아내 형상을 없애야 한다. 오래전 새겨진 것이 이후 훼손된 사례가 있다면, 이 역시 주술적 의도에서 비롯되었다고 보아야 한다.

⋮

바위에 암각을 하는 행위는 신앙 대상에게 건네는 '그림' 기도다. 그림은 말보다 구체적이고 지속적이다. 말은 입에서 나오면서 허공중에 흩어져 사라지지만, 그림은 형상된 그대로 남아 두고, 두고 볼 수 있다.

암각화는 거의 영속적이므로 뜻과 내용이 사라지기는커녕 기한 없이 생명력을 유지한다고 여겨졌을 것이다. 바위 신앙이 지금도 세계 곳곳에서 다양한 방식으로 표현되는 것은 '바위와 같이 오랜 역사'를 지녔기 때문이기도 한데, 그 오랜 역사의 한순간을 보여주는 바위 신앙의 현장이 암각화인 것이다.

민족지 보고에 따르면 주술적인 의도를 가지고 나무에 무언가를 그리거나, 흙 위에 그림을 그리면 그려진 것의 혼이나 실체가 잠시 그 그림에 깃든다고 여기는 이들이 있다. 이런 그림에 창을 던지거나 화살을 쏘아 맞히면 실제 그 이후 벌어지는 사냥이나 행사에서 대상이 창이나 화살을 맞는 일이 일어난다고 믿었다.[12] 종교적이고 주술적인 의도가 뚜렷하지 않다고 하더라도 그림은 단순히 풍경을 재현하는 데에 그치지 않고 그 이상의 어떤 효과를 의도하거나 기대하면서 그려지는 경우가 적지 않다. 역사

❼ 등에 창, 혹은 화살이 꽂힌 큰 뿔 사슴(경주 출토 견갑형 동기, 일본 동경국립박물관)

시대에도 그림에 담기는 주술적 효과에 대한 기억이 남아 전하는 사례가 있다. 대상을 살아있는 듯이 그려내는 것으로 유명했던 중국 남조 양나라의 화가 장승요가 안락사라는 절의 의뢰로 용을 그린 뒤, 주변 사람들의 성화에 용의 머리에 눈과 눈동자를 그려 넣자 용이 살아 움직이며 하늘로 날아갔다는 이야기도 그중 하나다.[13] 이 일화에서 생긴 고사성어가 '화룡점정(畫龍點睛)'이다.

역사시대의 작품인 고구려의 고분벽화도 죽은 이가 살아생전의 기념할 만한 내용을 골라 그린 것이 아니라 죽은 뒤의 삶이 이러이러하기를 소망하며 그리게 한 그림이다.[14] 물론 그림의 바탕이 된 것은 죽은 이가 살았을 때의 경험과 기억이지만, 그림의 용도는 미래의 삶을 미리 형용하는 데에 있다.

바위에 뭔가 새기는 일도 마찬가지다. 바위에 어떤 대상을 새기는 건, 그걸 바위에 붙박는 일이다.[15] 의도하거나 소망한 대로 새긴 대상이 바위에 붙박인다면 이를 붙잡거나 사냥하는 일은 쉬워진다. 또 반복적으로 이런 일을 하는 것도 가능하다. 바위에 붙박인 대상은 그것을 새긴 사람의 무리에게 영원히 속박되는 것이다. 물론 암각의 효과를 보려면 사람이 알지 못하는 신비한 능력을 지닌 존재, 곧 생명의 주관자인 큰 여신, 어머니 여신이 이런 일이 일어나도록 허락해야만 한다.

바위에 뭔가를 붙박으려면 바위에 그것을 형상화해야 한다. 그렇다면 그 붙박인 것을 자유롭게 하려면 새겨진 것을 쪼아내 형상을 없애야 한다. 오래전 새겨진 것이 이후 훼손된 사례가 있다면, 이 역시 주술적 의도에서 비롯되었다고 보아야 한다.

이와 반대로 붙박인 상태를 더 확실히 하고, 오래 가게 하려면 어떻게 해야 할까? 당연히 새김의 정도가 더해져야 한다. 쪼아서 형상화된 것의 선이나 면을 갈고 갈아서 넓어지고 깊어지게 했다면 붙박임을 강화하려는 의도가 깔렸기 때문이리라. 반구대 바위의 암각 선이 후기로 갈수록 깊고 넓으며 뚜렷해지는 것도 이런 효과를 의도했기 때문으로 보아야 할 것이다.

❽ 깊게 갈아낸 기하문(청동기시대, 울산 천전리 각석)

5

◎

활

손에 활을 든 사람이 표현되었다는 점에서 반구대 암각화의 면 새김 그림은 활과 화살이 일상 도구의 일부로 녹아든 시기의 작품임을 알 수 있다. 창을 던져서 잡기는 힘들었던 동물들, 날렵한 움직임을 자랑하던 중소형 포유류가 사냥 대상이 된 새로운 시대가 열렸음을 암각화가 보여 주고 있는 셈이다.

돌도끼를 쓰던 사람에게 창은 엄청난 힘을 경험하게 하는 신무기다. 긴 막대 끝에 달린 창은 사람의 팔 길이를 몇 배 길게 해주었고, 심지어 두 팔 길이의 십여 배 거리도 날아가 사냥감의 몸을 뚫게 해주는 경이로운 도구였다. 이런 새로운 도구를 아예 다른 차원의 것으로 개량해 만들어낸 것이 활과 화살이었다.[16]

화살은 빠르게 뛰어 달아나는 중소형 포유류를 사냥할 방법을 찾아내려 고심하던 끝에 발명한 것이라고 한다. 발사대를 활용해 던지던 단창(短槍)보다 대를 가늘고 짧게 만든 다음, 끝에 작은 살촉을 끼운 화살을 활에 걸어 쏘는 이 새로운 도구는 사람이 뒤쫓는 것을 우습게 알던 사슴이나 토끼가 더는 쉽게 달아날 수 없게 만들었다.

물론 이 새롭고 효율적인 도구는 사람 무리 사이의 다툼에도 활용되어 화살 사용법을 익힌 무리가 그렇지 못한 사람들을 쉽게 제압할 수 있게 했다. 유럽과 아시아의 신석기시대 유적에서 간간이 발견되는 집단 학살의 흔적은 대개 활과 화살을 가진 무리가 아직 이 새로운 도구를 제대로 알지 못하던 사람들을 희생자로 삼은 결과인 경우가 많다. 실제 스페인에서 발견된 신석기

❾ 화살촉(신석기시대, 국립중앙박물관)
❿ 반구대 암각화: 활 쏘는 사람과 뭍짐승들(실측도면)
⓫ 반구대 암각화: 활 쏘는 사람과 뭍짐승들

시대 바위그림 중에는 활을 들고 쏘는 사람들 사이의 전투나, 화살에 세례를 받고 온몸이 고슴도치처럼 된 사람의 모습이 현장감 있게 묘사된 사례도 있다.[17]

반구대 암각화에 등장하는 활을 든 사람은 빠르게 뛰어 달아나는 사슴 무리를 사냥하는 중이다. 사냥꾼 곁의 개는 주인의 화살이 사슴 중 한 마리에 꽂히는 순간을 기다리고 있을 것이다. 물론 바위에 새긴 그림인 까닭에 화면에 등장하는 사람과 개, 여러 마리의 사슴은 뻣뻣하게 제 자리에 서 있는 듯이 보인다. 게다가 표현 대상 모두가 화면의 작은 공간에 모여 있는 까닭에 이들에게서 사냥터 특유의 공간감, 운동감, 긴장감 등은 느끼기 어렵다.

손에 활을 든 사람이 표현되었다는 점에서 반구대 암각화의 면 새김 그림은 활과 화살이 일상 도구의 일부로 녹아든 시기의 작품임을 알 수 있다. 창을 던져서 잡기는 힘들었던 동물들, 날렵한 움직임을 자랑하던 중소형 포유류가 사냥 대상이 된 새로운 시대가 열렸음을 암각화가 보여주고 있는 셈이다.

암각화로 붙박인 듯이 보여도 사냥 현장에서 맞닥뜨리는 짐승의 움직임은 경험과 예측을 넘어서는 경우가 많다. 이런 까닭에 가까이 다가가 창을 던지는 방식으로 중소형 포유류를 잡기는 하늘의 별 따기만큼 어려웠는데, 짐승이 눈치 채기 어려울 정도의 거리에서 화살을 날려 맞힐 수 있게 되었으니, 말 그대로 땅

짚고 헤엄치기 아닌가?

물론 이들 날랜 동물들이 활이라는 새로운 도구에 익숙해지면 상황은 다시 역전된다. 상당한 거리라고 생각하고 활에 화살을 메기며 겨누어도 작은 짐승들은 조그만 기척도 놓치지 않을 것이고, 귀를 쫑긋거리다가 순식간에 가던 방향을 바꾸며 달아나 숨을 것이다. 이렇게 되면 이전의 창던지기처럼 활쏘기도 만만치 않아지는 것이다.

사냥은 짐승과의 숨바꼭질이다. 사람이 새로운 도구를 발명하여 짐승을 쉽게 사냥하게 되는가 싶으면, 짐승은 곧바로 이 새로운 상황에 적응하여 이전보다 민감하게 반응하고 빠르게 달아난다. 사람들은 다시 더 정교하고 효율적인 도구를 만들어내 그것으로 이전보다 쉽게 사냥할 수 있게 된다. 그러면 짐승들은 다시 이 새로운 상황에 적응하고 반응한다. 활과 화살이 발명된 이후에도 하루가 멀다 싶을 정도로 새로운 유형의 화살촉이 만들어져 보급되고, 화살을 더 멀리 날릴 수 있게 개량된 활이 쓰이는 것도 이 때문일 것이다.

6
◎
개

반구대 암각화에서 개는 사람과 함께 사는 동물로서 모습을 보이는 유일한 사례다. 신석기시대에 이르러 야생 동물을 길들이는 사례가 적지 않지만, 암각화로 표현되는 경우는 제한적이다. 신석기시대에 제작된 대부분 암각화의 주제가 사냥이기 때문일 것이다. 그런 점에서 암각화 속의 개는 특별한 존재라고 할 수 있다.

：

개는 신석기시대가 시작되기 전부터 사람과 함께 살았다. 중석기시대의 사람들은 개를 데리고 사냥에 나가는 경우가 많았다. 처음으로 사람을 친구로 삼은 개의 가장 큰 역할이 사냥을 돕고, 마을 경비를 서는 일이었다.[18] 소나 말, 양이나 돼지같이 사람과 함께 살게 된 다른 동물들이 그저 돌봄을 받는 대가로 고기와 젖을 제공하는 가축으로 여겨진 것과 달리 개는 사람의 친구로 살았다.

사람과 함께 살면서 사냥에 따라나서고 집을 지켜준 지 오래지 않아 개는 사람이 죽은 뒤 가는 길에도 동행하기 시작했다. 개는 죽은 주인의 영혼이 떠나는 먼 여행길의 길잡이를 하라고 주인과 함께 무덤에 묻혔다.[19] 개는 먹거리가 아닌 상태로 사람과 함께 묻힌 최초의 동물이었다.

중석기시대 이래 지금까지 개는 주인의 뜻을 온전히 알아채고 원하는 대로 행동하려 애쓰는 유일한 동물이다. 주인이 길을 잃지 않게 지켜주는 것도 개고, 주인의 기쁨이나 슬픔에 함께하려는 모습을 보이는 것도 개다. 친구나 이웃은 주인을 외면하고 심지어 괴롭힐 수도 있지만, 개는 처음부터 끝까지 주인의 기대

⓬ 반구대 암각화: 육식 및 잡식 동물로 분류된 뭍짐승

를 저버리지 않고 함께한다.

반구대 암각화에 모습을 보이는 개는 마을 사람들의 사냥을 도우러 나온 동물이다. 활을 들고 짐승을 겨누는 주인 앞에서 개는 화살에 맞고 달아나는 사냥감을 끝까지 쫓아갈 준비를 이미 마쳤다. 물론 암각화로 표현된 개는 특유의 뻣뻣한 정지 상태이다.

사냥꾼의 화살이 짐승의 심장에 꽂히는 일은 극히 드물기에 화살에 맞은 사슴이나 노루, 멧돼지 등은 피 흘리며 달아나기 마련인데, 냄새를 잘 맡는 개는 이런 상태의 짐승을 추적하는 데에 가장 적합한 동물이다.[20] 만일 사냥에 개를 데리고 나가지 않으면 상처 입은 짐승을 추적하는 일은 온전히 사냥꾼의 몫이 된다. 번거로운 정도가 아니라 힘든 일이다.

농사꾼 마을에서 집 지키는 역할을 하는 개는 때로 단백질 보충을 원하는 사람들에게 먹거리가 되기도 하지만, 사냥꾼 도우미로서의 개는 맹수로부터 사람을 지켜주고 사냥 과정의 어려움을 함께 이겨내는 귀한 친구다. 오늘날에도 농경사회에서는 개를 잡아먹는 일이 자주 있어도 유목사회나 사냥꾼 집단에서 개를 먹거리로 삼는 사례는 찾기 어렵다.

반구대 암각화에서 개는 사람과 함께 사는 동물로서 모습을 보이는 유일한 사례다. 신석기시대에 이르러 야생 동물을 길들이는 사례가 적지 않지만, 암각화로 표현되는 경우는 제한적이다. 신석기시대에 제작된 대부분 암각화의 주제가 사냥이기 때문일 것이다. 그런 점에서 암각화 속의 개는 특별한 존재라고 할 수 있다.

사슴과 같은 초식 동물의 무리 사이에 사람과 함께 등장하는 개 이외에도 암각화에는 개과에 속하는 것으로 보이는 짐승이 여럿 표현된다. 하지만 어떤 종류의 짐승인지 구체적으로 짚어내기는 어렵다. 늑대나 여우, 오소리, 족제비 같은 것도 암각화로 표현될 수 있으나, 그림 속의 특정한 이야기, 사건, 일화에 자연스럽게 녹아들며 등장하는 경우가 아니면 찾기 어렵다.[21] 역할이나 의미가 부여될 수 없는 동물이 암각화로 새겨질 까닭은 없기 때문이다.

7

◎

마을

서로 다른 시기에 다른 제재를, 다른 기법으로 반구대 바위에 남긴 사람들이 살던 집
터가 태화강변 어딘가에 흔적을 남겼을 가능성은 있다. 하지만 지금까지 발견된 울산
지역 신석기시대 유적은 주로 해안이거나 바다에 가까운 곳에 있다.

:

신석기시대는 인류가 정착생활 위주로 삶을 꾸려가던 시기이다. 사냥과 채집을 위해 떠돌면서 계절적 일시 정착에 그치던 후기 구석기시대와 달리 중석기시대 이후 인류는 특정 지역에 장기간 머무르거나, 아예 정착한 상태로 사냥과 채집 생활을 하려 한다. 특히 농경이 시작된 이후에는 집을 짓고 마을을 이룬 정착 위주의 생활이 널리 퍼진다.

농경이 인간 삶의 양식을 바꾸는 데에 주요한 계기로 작용했음은 잘 알려진 사실이다. 농경으로 말미암은 가장 큰 변화는 작은 마을 단위를 넘어서는 도시의 출현이다. 터키 괴베클리 테페 유적을 통해 확인할 수 있듯이 사냥과 채집 단계에서도 신전 도시, 혹은 종교 도시로 명명할 수 있는 집단적인 주거의 사례가 있지만, 농경 도시는 이와 차원을 달리하는 주거 방식이자 공동체 생활양식이다.

중근동의 신석기시대 농경도시로 잘 알려진 터키의 차탈휘윅은 기원전 7400년부터 기원전 5200년까지 사람이 모여 살던 곳으로 절정기의 거주 인원이 무려 8천 명에서 1만 명에 달했던 것으로 추정된다. 현장에서 발견된 집터만 160곳이 넘는데, 집터의

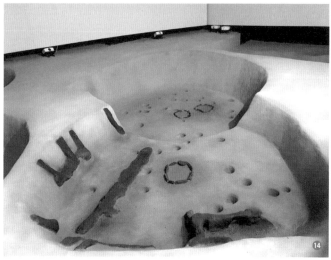

⑬ 신석기시대의 마을(서울 암사동 주거지 복원 모형)
⑭ 신석기시대 마을 집자리(서울 암사동)

크기는 거의 일률적이다. 이때까지 신분이 나뉘거나, 권력이 출현하지는 않았기 때문일 것이다.

중근동의 예리코나 차탈휘육 같은 신석기시대 도시 규모의 집단 거주 사례는 이보다 늦은 시기에 성립한 중국 양자강 유역 허무두문화나 양저문화 지역에서도 찾아볼 수 있지만,[22] 아직 한반도에서는 확인되지 않는다. 울산을 포함한 한반도 지역의 신석기시대 유적에서는 마을로 부를 수 있는 정도의 소규모 집단 거주의 사례만 확인할 수 있다.

사냥과 채집을 생계 수단으로 삼았던 반구대 암각화 제작자들이 살던 마을도 5~6호에서 10여 호 사이였을 것이다. 사실 한국의 신석기시대 유적에서 같은 시기에 만들어지고 사용된 집터를 10여 곳 이상 찾아내기도 쉽지 않다. 양양 오산리유적에서 찾아낸 집터는 11기이지만, 모두 같은 시기의 거주지였던 것으로 보이지는 않는다.[23] 비교적 규모가 큰 서울 암사동유적에서는 100여 개의 수혈 주거지가 확인되었으나, 이는 서로 다른 시기 문화층에서 몇 기씩 나뉘어 발굴된 것을 모두 합친 숫자이다.[24]

서로 다른 시기에 다른 제재를, 다른 기법으로 반구대 바위에 남긴 사람들이 살던 집터가 태화강변 어딘가에 흔적을 남겼을 가능성은 있다. 하지만 지금까지 발견된 울산지역 신석기시대 유적은 주로 해안이거나 바다에 가까운 곳에 있다. 비록 반구대 암

각화 바위 일대가 일상과는 거리가 먼 신성 지역이라고 해도 동해 바닷가에 삶터를 마련한 사람들이 특정한 의례를 위해 내륙 깊숙이 들어오기에는 거리가 너무 멀다.

반구대 암각화를 남긴 사람들의 집터는 어디에 있었을까? 그들이 꾸린 마을의 규모는 어느 정도였을까? 반구대를 찾았던 사람들이 물물교환을 위해 접촉했던 이웃들이 살던 곳은 또 어디일까? 지금의 울산과 경주, 밀양, 양산 등에 있던 신석기시대 마을 사람들은 비슷한 문화를 영위하며 교류하고 있었을까?

8

◎

길

길은 없어지기도 하고 생기기도 한다. 사라진 길에는 옛이야기가 있고, 새로 쓰이게 된 길에는 새 이야기가 만들어진다. 길은 쓰이지 않게 되고 사라졌지만, 반구대 암각화가 만들어지던 때에 쓰였던 옛 물길에 담겼던 오랜 이야기를 고려하면, 언제고 바다까지 이어졌던 이 길은 다시 이어지고 사람이 다닐 수 있게 되면 좋을 듯하다.

：

사람이 다니는 길이 있고, 짐승이 다니는 길이 있다. 사람이 다니는 길을 짐승이 찾으려 하지는 않는다. 하지만 짐승이 다니는 길은 사람이 찾아내려 애쓴다. 짐승 길을 찾아야 사냥할 수 있기 때문이다. 멧돼지나 사슴이 다니는 길을 알면 거기에 덫을 놓아 잡거나, 길목을 지키다가 창이나 활로 사냥할 수 있어서다.

수천 년 동안 사용되는 길도 있고, 오랜 기간 쓰이다가 쓰지 않게 되는 길도 있다. 세월이 흘러도 사람이 다니면 사람 길이고, 인적이 그치면 없어진 길이다. 쓰이지 않게 돼, 잊힌 사람 길이 짐승 길이 되기도 한다.

길이 새로 나거나, 쓰이지 않게 되는 데에는 여러 가지 이유가 있다. 길을 쓰던 사람들이 멀리 떠나 더는 그들이 다니던 길을 쓰지 않게 되기도 하고, 자연적이거나 인위적인 요인으로 길이 끊어져 더는 다닐 수 없게 되기도 한다. 천재지변으로 길이 아예 사라지기도 하고, 어떤 이유로 사람들이 길을 막고, 끊어 더는 쓰이지 않게 되기도 한다.

반구대로 들어가는 길도 몇 갈래 있었다. 예전에는 물길 곁으로 난 좁은 길이 주로 쓰였지만, 지금은 산자락 사이로 난 길이

천진리 각석

고하길　　　　　　　　　　　　　　반구대 암각화

🔟 반구대 암각화 근처에서 고부라져 올라가는 고하길의 옛 모습(1954년 항공사진)

통로로 사용된다. 1965년 사연댐이 만들어지고 옛길이 물에 잠기거나 끊어지면서 일어난 일이다.

큰마실, 건넌들, 서당마실, 지통마을 등 반구대 안쪽의 사람들이 모여 살던 곳은 다 물에 잠겼고, 반구대 안쪽에서 한쪽으로 비켜나 있던 한실마을과 반구서원 일대만 물에 잠기지 않았다.[25] 본래 큰마실 등의 마을에서 쓰던 지금의 고하길, 대곡천에서 갈라져 나온 평리천을 따라 반곡리의 크고 작은 마을들로 이어지던 옛길은 초입 부분이 끊어지면서 사용하지 않게 되었다. 서당마실, 지통마을 등에 살던 이들이 반곡리 쪽의 마을로 삶터를 옮기거나, 언양 쪽으로 빠져나갔으니, 옛길이 더 쓰일 일도 없게 되었다.

옛 마을들 앞으로 흐르던 대곡천 하류가 사연댐으로 말미암아 큰 호수가 되면서 댐 아래쪽 물길은 말라 실개천이 되고 마지막에는 끊어졌다. 대곡천에서 태화강으로 이어지던 물길이 사라진 셈이다. 수천 년 동안, 만 년 이상 태화강과 대곡천을 잇고 동해에서 반구대 암각화 바위까지 이어지던 물길을 더는 사용할 수 없게 되었다. 반구대 암각화에 붙박인 고래며 상어가 새벽 물안개를 타고 흘러들기도 했던 바다 냄새를 더는 맡을 수 없게 된 것이다.

반구대 삼거리로 명명된 35번 국도에서 반구서원 앞으로 이어지는 지금의 반구대 안길은 진현마을과 반구서원을 잇는 산길이다. 하지만 사연댐이 생기기 이전에 사용되던 반곡리의 고하길처럼 반구대 바깥과 안쪽을 이어주던 일상적인 길은 아니다. 행정상 천전리에 속한 진현마을에서 골짝 안쪽으로 이어지는 이 산길이 예전에는 좁고 고불거리며 다니는 이도 드물었지만, 지금은 잘 포장된 찻길이 되었다.

길은 없어지기도 하고 생기기도 한다. 사라진 길에는 옛이야기가 있고, 새로 쓰이게 된 길에는 새 이야기가 만들어진다. 길은 쓰이지 않게 되고 사라졌지만, 반구대 암각화가 만들어지던 때에 쓰였던 옛 물길에 담겼던 오랜 이야기를 고려하면, 언제고 바다까지 이어졌던 이 길도 다시 이어지고 사람이 다닐 수 있게 되면 좋을 듯하다.

9

◎

교역

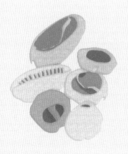

선사시대나 고대의 장거리 교역은 중개 거점을 여럿 거치면서 이루어졌다. 흔히 상상
하듯이 한 사람이나, 한 무리의 상인이 수백 킬로, 심지어 수천 킬로의 먼 거리를 여행
해 상품을 전달하고, 새로 사가며 온갖 위험을 무릅쓰는 게 아니다. 그런 식의 장거리
여행은 현실적으로도 쉽지 않을뿐더러 위험 부담도 너무 크기 때문이다. 고급 물품을
지닌 채 낯선 곳으로 여행하는 사람들이 어디서나 환영받기는 어렵지 않겠는가?

교역이 물물교환으로 시작되었음은 잘 알려진 사실이다. 서로가 필요로 하는 물건을 바꾸어 가지는 물물교환은 남태평양의 외딴 섬들 사이에는 근래까지도 이루어지던 교역 방식이다. 선사시대와 고대 초기 마을 사이의 교역도 물물교환 방식으로 이루어졌음이 틀림없다.

무리와 무리, 마을과 마을을 잇는 교역이 이루어질 때는 정보 공유나 혼인, 공동 사업이 뒤따르기도 했다. 제한된 공간을 생활권으로 삼고, 정보 공유를 위한 별다른 수단도 없던 선사시대나 고대의 고립된 지역에서 교역은 공동체의 삶을 계속 꾸려나가기 위해서도 필수적이었다.

마을과 마을 사이의 교역이 활발해지면 정보를 공유하고, 교류가 계속되는 마을의 수가 많아지면서 자연스러운 연쇄 작용에 따라 교역 범위가 넓어진다. 한 마을에서 생산된 물건이 여러 마을을 거쳐 상당한 거리의 얼굴도 모르고, 말도 통하지 않는 지역에 전해지고 쓰이기도 한다. 이른바 장거리 교역이 이루어지는 것이다.

신석기시대 장거리 교역을 알게 하는 대표적인 물건이 흑요석이다. 화산지대에서만 수집되는 흑요석은 가벼우면서 단단하고 광택도 있어 실용적 도구를 만들기에도 적합하고 사치품으로 사용하기에도 그만이다. 게다가 생산되는 지역이 아니면 구하기도 어렵다.

신석기시대 한반도의 마을들도 장거리 교역을 통해 흑요석을 확보했는데, 중북부에서는 백두산, 남부지역에서는 일본 규슈가 원산인 흑요석이 주로 사용되었다.[26] 울산이나 부산 지역에서 발견되는 흑요석 도구는 원산지가 일본의 규슈이다. 반구대 암각화를 남긴 사람들도 규슈산 흑요석을 확보하여 화살촉 등을 만들어 썼을 가능성이 크다.

일반적으로 선사시대나 고대의 장거리 교역은 중개 거점을 여럿 거치면서 이루어졌다.[27] 흔히 상상하듯이 한 사람이나, 한 무리의 상인이 수백 킬로, 심지어 수천 킬로의 먼 거리를 여행해 상품을 전달하고, 새로 사가며 온갖 위험을 무릅쓰는 게 아니다. 그런 식의 장거리 여행은 현실적으로도 쉽지 않을뿐더러 위험 부담도 너무 크기 때문이다. 고급 물품을 지닌 채 낯선 곳으로 여행하는 사람들이 어디서나 환영받기는 어렵지 않겠는가?

이런 까닭에 장거리 교역을 통해 전달되는 물품의 가격은 원산지와 비교해 차이가 클 수밖에 없다. 한 물품이 중개 거점을 지날 때마다 가격이 더해진다면 최종 수요자의 손에 이를 때에는

⑰ 흑요석 원석(신석기시대, 국립중앙박물관)
⑱ 흑요석제 화살촉(신석기시대, 국립중앙박물관)

생산지 가격의 수백 배에 이를 수도 있는 것이다. 중국 한나라에서 수출된 비단이 로마에 이르면 처음 가격의 수백 배에 이르렀다.[28] 언젠가부터 육지가 아니라 바다를 통한 장거리 교역이 시도되고 활발해진 것도 이 때문이라 하겠다.

신석기시대 한반도에서 사용되던 흑요석의 원산지가 남북으로 나뉜 것도 장거리 교역에 수반될 수밖에 없는 위험 부담을 줄이려는 의도와 최종 수요지에서 느끼는 가격 부담이 작용했기 때문일 것이다. 한반도 태백산맥 동쪽의 해안지대가 사실상 하나의 문화권이 되어 교통이 비교적 쉬웠음에도 현실적인 여건이 달랐던 까닭에 남북에서 서로 다른 지역의 흑요석을 사용한 셈이다.

반구대 암각화에 고래를 새긴 사람들은 신석기시대 장거리 교역에 어떤 방식으로 참여했을까? 해마다 일정한 시기에 확보되는 고래 고기와 지방 덩어리도 교역 물품으로 썼을까? 예나 지금이나 고래 고기를 구경이라도 할 수 있는 곳은 삼면이 바다인 한반도 해안에서도 특정한 지역에서였다. 고래의 지방이 지닌 특별한 매력까지 고려하면[29] 고래잡이에 나선 반구대 암각화의 주인공들도 잘 말린 고래 고기와 굳은 덩어리로 만든 지방을 장거리 교역의 물품으로 사용했을지도 모를 일이다.

10

◎

축제와 의례

바위에 암각화를 새기는 행위도 신성한 힘이 지배하는 바위로부터 그 기운을 받기 위함일 수 있다. 암각화를 새기면서 신에게 기원하고, 신으로부터 신성한 기운을 받아 이를 축제와 의례에 참여한 이들에게 전할 수 있다고 믿었을 가능성이 크다.

축제는 의례에서 비롯된 행사다. 축제에서 등장하는 춤과 노래, 온갖 놀이는 신을 즐겁게 하려고 신 앞에서 벌이던 사람들의 몸짓이다. 세계의 많은 이들을 관광객으로 끌어들이는 일본의 마츠리는 마을 신사를 중심으로 벌어지는 '신과의 만남'이라는 정기적인 의례 겸 축제에서 비롯되었다. 세계 각지에서 모인 사람들은 '신의 가마'를 둘러싸고 행진하는 고대 복식 차림의 마을 사람들 모습에서 옛 의례의 장면을 상상하고 열광한다.

암각화가 새겨진 반구대 바위 앞 대곡천 건너의 비교적 넓은 강변 공간도 축제와 의례의 장이었을 것이다. 마을에서 시작된 의례의 행렬이 반구대 암각화 앞의 강변까지 이어졌을 수도 있고, 강변에서 시작된 의례가 마을 앞 광장에서 마무리되었을 수도 있다. 일본의 신사가 신성 공간의 중심이듯이 반구대 암각화 바위와 그 주변도 신성한 기운이 가득한 공간으로 여겨졌을 가능성이 크다.

일본에는 지금도 신사를 포함해 마을의 골목 모서리나 집의 입구와 안 곳곳에 신성 공간을 설정했던 흔적이 남아 있다.[30] 신사 주변의 공간, 특히 산이나 내의 한쪽에서 신성 공간임을 알리는 시설이나 그 흔적을 종종 발견할 수 있다. 일본인은 지금도 신성한 힘이 작용하는 공간에 살고 있다고 보아도 과언이 아닌 것은 이 때문이다.

축제와 의례는 신성 공간에서 행해진다. 아니, 축제와 의례가 행해지는 곳이 신성 공간이다. 평소에는 평범한 장소여도 축제와 의례가 행해지는 동안은 그곳이 신성 공간이다. 일본에서 마을마다 정기적으로 마츠리가 행해지는 것은 마츠리 과정에서 신의 가마와 가마를 메고 둘러싼 마을 사람들이 거쳐 간 모든 곳, 의례당사자들이 발로 밟고 지나간 곳은 어디나 신성해지기 때문이다. 해마다 이런 행사를 반복함으로써 신성 공간으로서 효력을 유지하기 위함이다. 장기간 마츠리가 행해지지 않는 곳은 신성함을 잃고 사악한 힘이 지배하는 땅이 된다. 온갖 액이 들끓는 곳이 된다.

바위에 암각화를 새기는 행위도 신성한 힘이 지배하는 바위로부터 그 기운을 받기 위함일 수 있다. 암각화를 새기면서 신에게 기원하고, 신으로부터 신성한 기운을 받아 이를 축제와 의례에 참여한 이들에게 전할 수 있다고 믿었을 가능성이 크다. 반구대 암각화 바위로부터 받은 힘으로 마을이 신성해지고, 마을 사람의 한해살이가 축복받을 수 있다면, 한해의 먹거리가 제대로 마련될 수 있다면 그보다 좋은 일이 어디 있겠는가?

⑲ 반구대 암각화 앞 하안대지

　반구대 암각화에 사슴과 고래, 맹수를 새긴 사람들이 신 앞에
서 펼친 의례와 축제의 내용은 앞으로도 알기 어렵다. 그러나 신
석기시대와 청동기시대 사람들이 해마다 펼친 의례와 축제가 신
성성을 덧입고 그 기운을 유지하는 것이었음은 되물을 필요 없
는 사실이다. 일본의 마츠리를 비롯해 지금도 남아 전하는 세계
각국의 민속 축제와 의례에 배어 있는 관념, 액을 쫓고 복을 불러
들이는 푸닥거리의 기원은 신석기시대까지 거슬러 올라가 찾아
도 무리는 아닐 것이다. 반구대 암각화를 남긴 사람들이 행하던
축제와 의례도 한국에 남아 전하는 민속과 종교 관념의 기원으
로 보아야 할 듯하다.

11

◎

손가락을 펼쳐 보이는 사람

반구대 암각화 바위에 새겨진 손이 큰 인물은 실제 보통사람보다 손이 컸을 수도 있지만, 이 인물이 샤먼의 능력을 갖춘 특별한 존재임을 보여주려 과장된 표현을 시도한 결과로 보아야 할 것이다. 이런 식의 인물 표현은 후기 구석기시대 이래 신석기시대에 이르기까지 특별한 인물을 인식하고 관념하는 방식이 하나의 전통으로 자리 잡고 세대에서 세대로 거듭 이어져 내려온 결과로도 볼 수 있다.

:

후기구석기시대 유럽의 동굴벽화나 신석기시대 중근동의 마을 유적에서는 사람의 손만 화면에 집중적으로 그린 사례가 자주 확인된다. 몇 만 년에 걸쳐 암채화 작업이 계속되고 있는 오스트레일리아 북부 카카두 바위 그늘 유적에서도 스텐실 기법으로 사람의 손을 여럿 남겨 놓은 사례를 찾아볼 수 있다.[31] 이는 사람의 신체 중 손에 특별한 의미를 부여하면서 비롯된 행동의 결과라고 할 수 있다.[32]

반구대 암각화에는 두 팔 두 다리를 벌리고 서서 두 손을 크게 편 인물이 보인다. 좌우로 활짝 편 두 팔과 다리보다 펼친 손가락, 발가락의 길이가 더 길게 느껴질 정도로 강조했는데, 이런 그림에서 두드러지는 발기한 남성 성기가 보이지 않고 가슴이 도톰한 것으로 보아 해당 인물은 여성일 가능성이 크다.[33]

손가락을 강조한 정도를 지나 심하게 과장하여 나타낸 이런 인물은 몽골의 알타이 암각화에서도 발견할 수 있다.[34] 알타이 차강살라 암각 인물은 반구대의 인물과 거의 같은 방식으로 손가락이 강조되었는데, 현지에서는 이런 인물이 샤먼의 역할을 담당했을 것으로 보고 있다. 이는 샤먼은 신체의 특정한 부분이 보

통 사람과는 다르다는 인식이 전제되었기 때문일 것이다.[35]

역사시대에도 왕족과 같이 특별한 신분과 지위에 있는 사람은 일반 백성과 신체적으로도 구별된다고 주장하며 이를 입증하려는 듯한 이야기를 세간에서 돌게 한 사례가 자주 발견된다. 신라의 경우, 왕위계승권을 지닌 사람들은 스스로 '진골', 심지어 '성골'로 불러 자신들을 일반 백성뿐 아니라 귀족들과도 구별하려 했다. 특히 왕이 된 사람들은 신체적으로 특이하다는 사실을 신성한 권위의 근거로 삼기도 했는데, 보통사람보다 유난히 성기가 컸다는 지증왕도 그런 사례의 하나다.[36]

고대 후기와 중세 동아시아에서 크게 유행한 신선신앙에서 신선이 신체적으로 특이한 존재임을 강조한 것도 위의 이야기와 맥락을 같이 한다.[37] 고분벽화로 그려진 신선의 귀가 당나귀 귀처럼 길다든가, 목이 사슴처럼 길어 기이하게 보이는 것도 불로장생에 이른 신선이 일반 백성과는 모습도 다르다는 관념이 작용한 까닭이다.

근대 초의 탐험기나 인류학적 보고에 따르면 시베리아 소수민족의 지도자이자 치료사로 활약하였던 샤먼들은 실제로도 몸의 한 부분이 온전치 못하거나, 보통 사람과는 구별되는 이들이 많았다고 한다. 등뼈가 일부 솟은 사람 이야기는 신라 하대에 진성여왕이 자신의 뒤를 잇는 자격을 갖춘 인물로 왕자 요(뒤의 효공

㉑ 반구대암각화 수족과장형 인물
㉒ 몽골 차강살라암각화 수족과장형 인물

왕)을 지목할 때도 나온다.[38]

　반구대 암각화 바위에 새겨진 손이 큰 인물은 실제 보통사람보다 손이 컸을 수도 있지만, 이 인물이 샤먼의 능력을 갖춘 특별한 존재임을 보여주려 과장된 표현을 시도한 결과로 보아야 할 것이다. 이런 식의 인물 표현은 후기 구석기시대 이래 신석기시대에 이르기까지 특별한 인물을 인식하고 관념하는 방식이 하나의 전통으로 자리 잡고 세대에서 세대로 거듭 이어져 내려온 결과로도 볼 수 있다.

　사실 후기 구석기시대와 뒤이은 신석기시대 유적에서 빈번히 발견되는 가슴과 엉덩이가 심하게 과장된 여인상도 특정한 소망과 당위성에 바탕을 둔 과장된 표현의 결과물이다. 실제 그런 형상의 인물이 있다면 모델로 삼을 수 있다는 점에서 의미가 있고 그런 인물이 현실에서는 찾아볼 수 없다 할지라도 그래야 한다고 믿고 그렇게 만든다면 그것만으로도 의미를 부여할 수 있고, 의도된 효과까지 거둘 수 있지 않겠는가?

사냥

———

내가 쏜 살이
네 목을 꿰뚫었다
네가 던진 창이
내 가슴에 깊이 들어왔다

네가 내 살이 되고
내가 네 피가 된 게
언제부터였던가
어제는 내가 네 사냥감이었고
오늘은 네가 내 먹이가 되었구나

길들이기

누가 먼전가
길들겠다고 들어온 건가
길들이려 다가온 건가
서로가 서로를 길들여
세상에 퍼졌지만
파랑새는 꿈속 깊이 들어가고
판도라 상자처럼
막연한 내일만 남아 있다

천년이 하루 같으면 좋으련만
하루가 천년처럼
길고
또 길다

제3부

바
다

1

◎

세 번째 새김

반구대 바위에서 세 번째 새김이 이루어지는 동안, 해신당은 어디 있었을까? 지금처럼 장생포 어디는 아닐 것이다. 울산만이 태화강 어귀 안쪽까지 깊숙이 들어왔을 때고, 고래잡이 마을도 지금의 태화강변 십리대숲과 태화루 자리보다 더 안쪽에 있었을 가능성이 크기 때문이다. 어디라고 짚을 수는 없어도 마을 안의 좋은 자리에 신당이 있었음은 확실하다.

：

반구대 암각화 세 번째 새김의 중심 주제는 고래 사냥이다. 57마리나 등장하는 고래 그림 대부분이 세 번째 단계의 새김 작업을 통해 바위 위에 모습을 드러냈다. 물론 이 경우도 한 차례의 짧은 작업으로 화면 곳곳에서 만날 수 있는 고래들이 암각화로 붙박인 것은 아니다. 최소 수백 년에 걸친 여러 차례의 작업 결과가 오늘날 반구대 바위에서 볼 수 있는 생생한 고래 그림일 것이다.[1]

세 번째 새김을 시도한 사람들은 이미 알려진 기법들을 모두 사용하면서 화면의 빈 곳을 최대한 활용하는 방식으로 작업했다. 뭍짐승들과 크기도 무게도 아예 다른 고래를 멀리서도 알아볼 수 있게 크고 뚜렷하게 새겼다. 또한 높은 절벽 위에서 넓은 바다를 내려다보며 고래 무리의 움직임을 관찰한 듯한 시각을 바탕으로 화면 안에 각각의 고래를 배치하고 표현했다.

물론 모든 고래 그림이 높은 데서 내려다보는 부감법(俯瞰法)으로 새겨진 건 아니다. 배를 타고 바다에 나가 고래를 찾고 사냥하면서 겪은 경험이 바탕이 된 그림도 있고, 바닷가에서 수평선 너머에 눈길을 두고 있다 문득 눈에 들어온 장면을 기억에서 떠올려 새긴 그림도 있다. 아마 적어도 수백 년, 심지어 천 년 넘게

❶ 반구대암각화 주암면 실측도: 세 번째 새김

세 번째 새김 작업을 한 사람들은 울산만 안쪽에 살면서 고래를 기다리고 사냥했을 것이다.

바다를 삶터로 삼는 사람들은 종교적, 영적으로 민감하다. 배 타고 바다로 나가는 행위가 삶과 죽음의 경계에 가 닿는 일이기 때문이다. 조금 전까지 잔잔했던 물결이 순식간에 험하고 거칠게 요동치며 배 안의 사람들을 위협하는 걸 언제라도 경험할 수 있는 곳이 바다다. 맑고 밝았던 하늘과 주변이 순식간에 어두워지고, 들리는 건 포효하며 다가오는 산만한 파도의 일렁거림이요, 사람들이 몸을 맡긴 배는 바람에 나부끼는 가랑잎보다 못한 게 바다에서 겪는 생생한 현실이다.

인도네시아 렘바타섬 라마레라 마을 사람들은 한 해의 짧은 기간에만 허용되는 고래잡이를 위해 일 년 내내 준비하며 기다린다.[2] 때가 되면 남자들이 어군탐지기가 달린 신식 배가 아니라 6~7명이 타기에도 옹색한 쪽배 몇 척에 나누어 타고 망망대해로 나선다. 이들은 큰 바다 어디에선가 고래와 마주치기를 기도하며 노를 젓는다.

조상 대대로 내려온 이야기, 지난 수십 년 동안의 경험과 기억이 있지만, 이들이 예측한 장소나 그 근처에 고래가 나타나리라는 보장은 없다. 몇 날 며칠 바다로 나가며 고래 만나기를 기도하는 게 이들이 할 수 있는 일의 전부다. 그러기를 때로 열흘이나 보름 만에 고래를 만난다면 말 그대로 행운이요, 신의 응답이다.

그러나 고래와의 만남이 사냥의 성공을 의미하는 건 아니므로 작살잡이는 작살잡이대로, 노 젓는 사람은 노 젓는 일로 제 할 일에 최선을 다할 뿐이다. 작살잡이의 첫 번째 작살이 고래의 몸에 꽂히면 성공적인 시작이지만, 그렇지 못하면 다시 고래를 만나기를 기도해야 한다.

한 번 작살을 꽂아도 두 번, 세 번 이어져야 하고, 피 흘리며 달아나는 고래를 끝까지 쫓아가야 한다. 작살 맞고 요동치는 고래로 말미암아 배가 뒤집힐 수도 있고, 작살을 꽂으며 바다에 떨어진 작살잡이가 작살 끝에 이어진 밧줄에 몸이 휘감겨 죽을 수도 있다. 작살잡이가 팔, 다리 하나 잃지 않고, 배도 뒤집히거나 부서지지 않은 채 고래잡이가 끝난다면, 지친 고래의 숨을 끊고 배에 달고 마을 앞 바닷가로 끌고 오게 되면 그날은 마을 축제날이다.

고래잡이에 성공한 날, 처음으로 사람들이 해야 할 일은 신에게 감사하고, 고래의 가장 맛이 좋은 부위를 신당에 바치는 일이다.[3] 고래잡이가 이루어지는 동안 울산 장생포에 있던 해신당(海神堂)은 영험한 장소로 존중되었다.[4] 때마다 제사를 올렸고, 고래잡이 계절이 아니더라도 사람들이 와서 기도하는 곳이었다. 고래잡이들은 살아 돌아온 걸 감사하고, 고래를 잡게 해준 영험한 존재 앞에 머리를 조아렸을 것이다.

　　반구대 바위에서 세 번째 새김이 이루어지는 동안, 해신당은 어디 있었을까? 지금처럼 장생포 어디는 아닐 것이다. 울산만이 태화강 어귀 안쪽까지 깊숙이 들어왔을 때고, 고래잡이 마을도 지금의 태화강변 십리대숲과 태화루 자리보다 더 안쪽에 있었을 가능성이 크기 때문이다. 어디라고 짚을 수는 없어도 마을 안의 좋은 자리에 신당이 있었음은 확실하다. 바위의 세 번째 새김도 이 신당을 관리하던 이, 신당지기가 전하는 신의 가르침을 받으며 이루어졌을지도 모른다.

❷ 십리대숲과 태화강(상류 방향)

2

◎

소리 지르는 사람

고래가 부르는 노랫소리가 귀에 들리면 나는 그들에게 반갑다는 인사를 보냈다. 6개월
의 먹거리가 되려고 마을 앞바다까지 오는 고래에게 같은 노래를 불러 환영했다. 두 손
을 모아 이마에 올리고, 먼 바다에 눈길을 주다 두 손을 내려 입 좌우에 대고 크게 소리
질렀다.

．
．

나를 본 사람들은 내가 수평선 너머를 본다고 한다. 실제 난 고래가 올 때를 기다리며 수평선 너머에 눈길을 준다. 마침내 어떤 기척 같은 걸 느끼면 소리 지른다. '왔다. 오셨어!'

어떤 이들은 내가 수평선 너머로 소리 지르며 누군가를 부른다고 한다.[5] 그렇다. 난, 지난해 이 바다에 와 제 몸을 주고 우리로 몇 달이나 음식 걱정 없이 살게 해주었던 그 고래의 혼이 새끼에게 들어가 온전히 제대로 자란 몸으로 우리에게 다시 오기를 바라며 '돌아오라'고 소리쳐 부른다.[6]

바위에 붙박인 그때부터 난, 두 손을 눈썹 위에 대고 수평선 너머 먼 바다 보기를 그치지 않고 있다. 먹지도 자지도 않고 내내 선 채 온몸의 힘을 짜내 소리 지른다. 배에 한껏 힘을 주고 크게 소리 지르다 보니 두 무릎이 절로 굽혀진다. 난 지금도 배고픈지 모른다. 기운이 다했다는 느낌도 받지 않는다. 졸리지도 않는다. 그저 먼 바다까지 눈길을 보내며 소리 지를 뿐이다.

나는 나면서부터 달랐다고 한다. 눈을 뜨자 바로 보는 것에 초점을 맞추었고, 소리를 지를 뿐이었지만, 어머니께 처음 말을 건넬 때도 뜻을 전하는 게 정확했단다. 어딘가 먼 곳을 보는 듯이

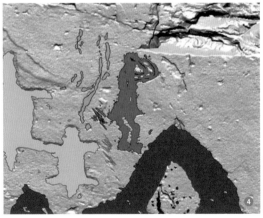

❸ 반구대 암각화: 소리 지르는 사람
❹ 반구대 암각화: 소리 지르는 사람(3D화면)

허공을 향해 눈길을 보내거나, 오랜 시간 말 한마디 없이 큰 나무 밑에 조용히 앉아 있을 때도 있었다고 한다. 새 소리를 알아듣는 듯이 말하기도 하고, 마을의 개와 이야기를 나누는 듯이 보이기도 했었단다.

언젠가부터 마을 사람들이 사냥을 나갈 때면 큰 나무 밑에 앉아 있는 내게 뭘, 얼마나 잡아야 할지, 숲으로 갈지, 골짝으로 갈지를 물었다. 난 잠시 눈 감았다 보이는 걸 말해주는 게 다였지만, 사람들은 기뻐하면서 자신 있는 걸음걸이로 마을 바깥으로 나가고는 했다.

성공적으로 사냥이 이루어진 날 저녁이면 난 마을 광장 한편에 놓인 사냥물들 곁으로 가, 위로의 말을 건네고는 했다. 활과 창으로 상처 입고 피 흘리며 죽은 지 오래지만 내 말이 사냥당한 짐승들에게 위로가 된다는 걸 나는 잘 알고 있었다. 사냥 나갔던 이들도 내가 사냥물에 위로의 말을 건네기 전까지는 죽은 짐승을 자르거나, 불에 그슬린 뒤 토막 내는 일을 하지 않았다.

해마다 고래가 돌아올 때면 마을 사람들은 이제나저제나 수평선 너머 먼 바다에서 고래 노래가 바닷가 마을까지 들리기를 기다렸다. 거대한 고래가 내는 또렷한 노랫소리가 마을 사람들에게는 반년 먹거리를 마련할 때가 되었다는 신호였다. 나는 마을에서 고래의 노랫소리를 가장 먼저 들을 수 있는 사람이었다.

고래는 해마다 어김없이 마을 앞, 바다 가까운 곳까지 왔지만, 정확히 언제 그들이 나타날지는 아무도 몰랐다. 심지어 나도 그때는 알지 못했다. 나는 그저 마을 사람들의 바람대로 마을 근처 높은 언덕에 올라 먼 바다를 바라보며 고래의 노랫소리가 들리기를 기다릴 뿐이었다.

고래가 부르는 노랫소리가 귀에 들리면 나는 그들에게 반갑다는 인사를 보냈다. 6개월의 먹거리가 되려고 마을 앞바다까지 오는 고래에게 같은 노래를 불러 환영했다. 두 손을 모아 이마에 올리고, 먼 바다에 눈길을 주다 두 손을 내려 입 좌우에 대고 크게 소리 질렀다. 그들에게 반갑고 고맙다는 인사를 건넸다. 그런 나를 보며 사람들은 내게 '소리 지르는 사람'이라는 또 하나의 이름을 주었다.

3

◎

배

예나 지금이나 배는 여전히 교통수단이다. 강과 바다가 주는 생명을 사냥하고 수확하기 위한 도구이기도 하다. 암각화로 새겨진 열 사람 이상이 탄 배는 산 사람이나 죽은이의 영혼을 실어 나르고, 예닐곱이 탄 배는 때마다 울산만을 찾아오는 고래를 잡으러 나가는 데 쓰인 것일 수 있다. 어떤 배나 다 반구대 바위에 고래를 새긴 사람들에게는 귀중한 도구가 아니었겠는가?

고대 이집트 사람들은 하늘도 강이나 바다처럼 배가 다닐 수 있는 곳으로 보았다. 하늘에서 비가 내리고, 우박도 떨어지니, 어쩌면 당연한 생각이기도 하다. 사람이 죽으면 그 영혼이 하늘을 다니는 배에 올라 죽은 뒤의 삶을 누릴 수 있는 곳으로 갈 수 있다고 믿었는지도 모른다. 물론, 그보다 앞서 죽은 자는 오시리스의 법정에서 생전의 삶이 어땠는지를 판단 받아야 한다.[7]

사람들은 늦어도 신석기시대부터는 배를 만들어 강에도, 바다에도 띄웠다. 넓고 깊은 강이나 호수, 바다를 헤엄쳐서만 건널 수는 없는 노릇이니 뗏목이든, 카누 모양으로 만든 배든 만들어 물 위에 띄워야만 했다. 큰 통나무 안을 파내 만든 배는 지금도 남태평양 섬들의 주민에겐 익숙한 교통수단이다.

반구대 암각화에는 배로 볼 수 있는 그림이 여럿 보인다. 유럽이나 오스트레일리아의 암각화나 선사시대 미술 작품에 보이는 배와 표현 방식이 비슷한 점으로 보아 배로 판단해도 큰 무리는 아니다. 배 안에 탄 사람 수는 예닐곱인 경우도 있고, 열을 크게 넘어서는 사례도 있어 배의 쓰임새와 관련하여 눈길을 끈다. 왜 다를까?

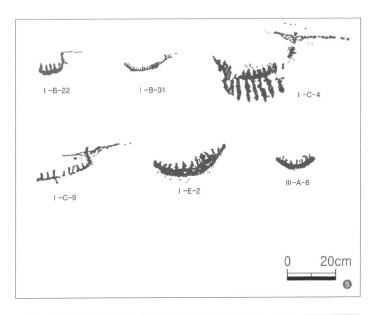

I -B-22 I -B-31 I -C-4

I -C-9 I -E-2 III -A-6

0   20cm

⑤

⑥

⑤ 반구대암각화 실측도: 배
⑥ 배 복원 모형(신석기시대, 창녕 비봉리 유적 출토 국립중앙박물관)

반구대 암각화 바위에 새겨진 배를 본 사람들은 대부분 고래잡이배일 거로 추정한다. 실제 여러 척의 배가 고래와 가까운 자리에 새겨졌다. 그러나 고래와 동떨어져 새겨진 배도 있다. 이런 배가 고래잡이와 관련이 있는지는 불명확하다.

반구대 바위의 배를 의례용으로 해석하거나, 고래와 배가 영혼의 천도(薦度) 의식을 보여주는 것으로 해석한 이도 있다.[8] 양산 통도사에 그려진 용선(龍船)이 죽은 이를 불교의 정토로 실어 나르는 역할을 하듯이 바위에 새겨진 배가 죽은 고래의 영혼을 저세상으로 싣고 간다고 본 것이다. 민속학적 시각에서는 받아들일 수 있는 해석이라고 할 수 있지만, 신석기시대에 새겨진 암각화에 그런 시각을 적용할 수 있는지는 의문이다.

그러나 선사시대와 고대의 예술작품 가운데에 중의적 이해가 가능한 사례가 적지 않은 것은 사실이다. 고분벽화의 경우, 그림의 모티프는 현실 생활에서 가져오지만, 죽은 이의 내세 삶이 그림대로 이루어지기를 바라는 마음이 그 안에 담겼다고 보는 게 일반적이다.[9] 현실의 재현이자, 미래의 소망인 것이다.

암각화도 이런 방식으로 해석할 수 있을까? 반구대 바위에 새겨진 고래와 배를 현실의 경험과 기억에 바탕을 둔 것이기도 하지만, 미래에 재현될 현재의 소망이 투사된 장면으로 볼 수는 있다. 고래잡이가 반복되려면 고래도 배도 여전히 그 자리에서 이

전의 역할과 기능을 거듭해야 한다. 그러려면 고래의 영혼도 생명이 나온 곳으로 되돌아가 새 생명으로 거듭나야 하고, 배는 이를 위한 중개자로, 교통수단으로 기능해야 한다.

예나 지금이나 배는 여전히 교통수단이다. 강과 바다가 주는 생명을 사냥하고 수확하기 위한 도구이기도 하다. 암각화로 새겨진 열 사람 이상이 탄 배는 산 사람이나 죽은 이의 영혼을 실어 나르고, 예닐곱이 탄 배는 때마다 울산만을 찾아오는 고래를 잡으러 나가는 데 쓰인 것일 수 있다. 어떤 배나 다 반구대 바위에 고래를 새긴 사람들에게는 귀중한 도구가 아니었겠는가?

4

◎

고래가 된 소년

고래 중 하나가 말했어. '그럼 나를 먹어라. 형제를 살리지 못하고 멀리 떠났다가 아무도 기다리지 않는 여기 이 바다로 돌아올 수는 없다고 했어. 해마다 우리 중 하나나 둘을 먹어 굶어 죽을 걱정 없이 살아야 우리와 계속 만나 소식을 주고받을 수 있지 않겠느냐?'고 했어

:

할아버지의 할아버지 때부터 내려온 이야기가 있다. 어릴 때부터 매일같이 들어 이젠 누구에게든 한 마디도 틀리지 않게 똑같이 말할 수 있다. 아니다, 진지한 표정까지 더하면 내 이야기가 더 생생하게 사실 같이 들릴 거다. 내려온 이야기지만 사실이기도 하니까, 사실로 들리는 건 당연하다.

고래들은 우리의 먼 조상이란다.[10] 할아버지의 할아버지로 몇 번이나 더 올라간 조상 때 고래와 사람은 형제였단다. 생김새도 다르고 사는 곳도 달랐지만, 고래와 사람은 말을 건네고 받을 수 있었단다. 뭍으로 올라올 수 없었던 고래는 땅 위에 사는 생명 이야기를 듣기 좋아했고, 먼 바다까지 나갈 수 없던 사람은 배로도 닿을 수 없는 먼 곳에서 일어나는 일을 고래에게서 들었단다.

함께 살지 못하는 까닭에 고래와 사람은 늘 한 해 몇 달 만나는 그때를 기다렸단다. 때가 되면 사람은 배를 타고 바다 한가운데로 나가 고래를 만났단다. 알다시피 고래는 너무 커서 바닷가 모래톱까지 올 수 없었거든. 그러니 고래를 만나려면 배를 타고 바다로 나가는 수밖에 없었어.

그러던 어느 해, 몹시 가물어 사냥감이던 짐승들이 모두 어디

론가 떠나 버린 그해. 사람들은 나무뿌리건, 열매건 숲에서도 먹을 것 얻기 어려워 굶고 또 굶었어. 이상하게 바다에 나가도 물고기를 잡기 어려웠고, 바닷가에 지천으로 깔렸던 조개도 자취를 감추다시피 한 거야. 이제 사람들은 굶어 죽는 걸 기다리는 수밖에 없었단다.

그 해도 고래는 사람을 만나러 수평선 너머에서 사람들 사는 마을 앞바다 근처까지 왔어. 마을 사람들의 배로 닿을 수 없는 멀고 먼 세상의 소식을 전해주러 온 거지. 그렇지만 굶어 기진맥진한 사람들은 배를 타고 바다 한가운데로 나갈 수가 없었어. 고래들이 멀리서 왔다고 등 위로 물을 뿜으며 사람들을 기다렸지만, 사람들은 모래톱의 배를 밀어 물위로 띄울 힘조차 없었으니, 어떻게 하겠어? 그저 바닷가에 앉아서 바다 한가운데서 자신들을 기다리는 고래만 멀거니 볼 뿐이었지.

그때였어. 한 소년이 배를 밀어 바다에 띄우고 노를 저어 고래들이 기다리는 바다 한가운데로 갔어. 그러고는 고래들에게 말했지. 모두 굶고 있다고. 굶어 죽기 직전이라고, 지금이라도 뭘 먹을 게 생기지 않으면 내년 이맘때 마을에만 아무도 남아 있지 않을 거라고 말했어. 그러자 고래 중 하나가 말했어. '그럼 나를 먹어라. 형제를 살리지 못하고 멀리 떠났다가 아무도 기다리지 않는 여기 이 바다로 돌아올 수는 없다고 했어. 해마다 우리 중 하

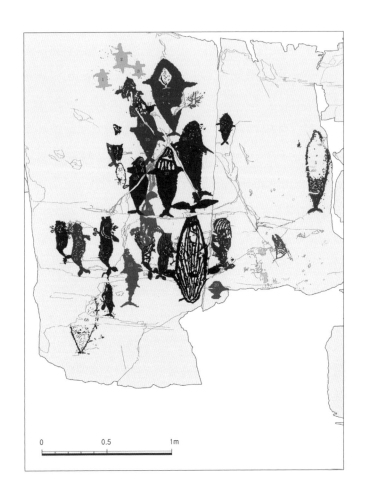

0 　　　0.5 　　　1m

⑧ 반구대암각화 주암면 실측도: 고래 무리

나나 둘을 먹어 굶어 죽을 걱정 없이 살아야 우리와 계속 만나 소식을 주고받을 수 있지 않겠느냐?'고 했어.[11]

소년이 배를 타고 돌아와 마을 사람들에게 이 말을 전했어. 고래들 가운데 하나가 자신의 몸을 먹거리로 주겠다는 걸. 해마다 그렇게 하겠다고 약속했다는 말을 전했어. 그런 뒤 소년은 다시 배를 타고 바다 한가운데로 갔어. 그러더니 바다로 뛰어들어 고래가 되었어. 고래들이 해마다 자신들 가운데 한둘이 사람의 먹거리가 되겠다고 했을 때, 소년이 말했거든. 그럼 난 당신들보다 먼저 수평선 너머 먼 곳으로 가 그곳의 다른 고래들에게 이 소식을 전하고, 다시 이곳으로 와 그쪽 이야기를 여기 사람들에게 알리겠다고. 난 당신들보다 빨리 헤엄쳐 달리는 자고 삐른 고래가 되겠다고.

그때부터 바닷가 사람들은 갑자기 오랫동안 비가 안 오고, 짐승들이 달아나거나 숲의 나무들이 말라비틀어져도, 말할 수 없이 큰 바람으로 물이 뒤집혀 바다 고기들이 얼마 동안 멀리 떠나 모습을 보이지 않아도 걱정하지 않게 되었대. 해마다 먼 데 소식 전하러 오는 고래들 가운데 하나나 둘이 자기 몸을 먹거리로 주었으니, 굶어 죽을 걱정이 없어진 거야. 이건 할아버지의 할아버지 때부터, 그 할아버지의 할아버지 때부터 고래 마을 사람들에게 내려온 이야기야.

5

◎

어미 고래와 새끼 고래

첫 숨을 쉬지 못하고 바다 깊이 가라앉는 새끼 고래의 모습은 사람의 눈에도 안타깝기 그지없는데, 어미 고래의 눈에는 어떻겠는가? 때로 어떤 어미 고래는 첫 숨을 쉬지 못하고 익사한 새끼 고래를 어떻게든 등에 올리고 몇 날 며칠 바다를 떠돌아다니기도 한다.

:

바다에서 살아도 폐로 숨 쉬어야 하는 생명은 때마다 물 바깥으로 코며 입을 내밀어야 한다. 숨 쉬어야 할 때 못 쉬면 말 그대로 물에 빠져 죽는다. 아직 물에 들어갈 준비가 안 된 새끼 펭귄이 물에 빠지면 바로 익사한다. 첫 숨을 쉬어야 하는 새끼 거북이 알에서 막 나올 즈음 모래밭에 물이 차오르면 그대로 익사한다. 고래도 마찬가지다.

반구대 암각화 바위에 새겨진 고래 가운데 가장 위의 것은 새끼를 등에 업은 어미 고래다. 출산한 새끼 고래기 첫 숨을 쉬게 하려고 어미 고래는 등으로 받쳐 물 위로 올리느라 애쓰는 듯이 보인다.[12] 본래 새끼 고래는 어미의 몸에서 나오면 제힘으로 떠올라 물 위로 머리를 내밀고 숨을 쉬어야 한다. 등 위의 콧구멍에 바다 위를 감도는 생명의 바람을 넣어야 한다.

세상에 나자마자 제힘으로 바닷물 위로 헤엄쳐 올라와야 하는 새끼고래는 태어나자 곧바로 일생일대의 큰 시험을 치르는 점에서 물 바깥에서 세상과 처음 만나는 펭귄이나 거북, 바다사자의 새끼들과 다르다. 아직 젖도 먹지 못한 채, 온 힘을 다해 헤엄쳐 물 위로 올라 첫 숨을 쉰 새끼 고래는 앞으로는 어떤 일이든

❾ 반구대 암각화 실측도: 어미 고래와 새끼 고래
❿ 반구대 암각화: 어미 고래와 새끼 고래

내 힘으로 해야 한다는 걸 몸으로 느끼며 어미 고래의 젖꼭지를 찾을 것이다.

어미의 몸에서 나와 첫 숨을 못 쉬고 익사하는 새끼 고래의 모습은 바다 생물의 삶을 기록하는 사람들의 카메라에 잡히기도 한다. 어미 고래의 몸 바깥으로 나온 새끼 고래가 차가운 물 기운을 이겨내지 못하고 기운을 잃거나 반쯤 기절하면 물 위로 떠오르지 못하고 가라앉기 시작한다. 가만히 그 모습을 지켜보던 어미 고래가 처음에는 새끼 고래의 몸을 건드려 정신을 찾게 하려 하다가 안 되겠다 싶으면 새끼의 몸을 받쳐 물 위로 오르게 하려 한다. 물론 이럴 때 새끼 고래가 정신과 기운을 되찾아 세상의 첫 숨을 쉬는 데 성공한다면 좋겠지만, 늘 그렇게 되는 것도 아니다.

첫 숨을 쉬지 못하고 바다 깊이 가라앉는 새끼 고래의 모습은 사람의 눈에도 안타깝기 그지없는데, 어미 고래의 눈에는 어떻겠는가? 때로 어떤 어미 고래는 첫 숨을 쉬지 못하고 익사한 새끼 고래를 어떻게든 등에 올리고 몇 날 며칠 바다를 떠돌아다니기도 한다.[13] 유인원이나 코끼리만큼 지능이 높다는 고래가 느끼는 상실감은 사람의 그것과 크게 다르지 않을 것이다.

반구대의 예술가가 보고 암각화로 남긴 어미 고래와 새끼 고래는 어떤 상태였을까? 어미 고래 등에 업혀 물 위로 모습을 드

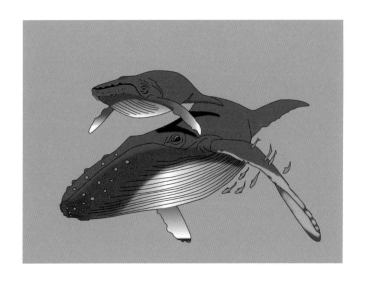

러내던 순간의 새끼 고래는 첫 숨에 성공한 새 생명이었을까? 아
니면 안타깝게도 첫 숨도 못 쉬고 바다 깊이 가라앉고 있던 불행
한 생명이었을까?

⓫ 어미 고래와 새끼 고래

6

◎

작살 맞은 고래

한 해내 꿈꾸던 일은 큰 바다로 나가 거대한 고래를 잡는 일이었다. 함께 바다로 나간 이가 죽기도 하고, 심하게 다치는 일도 있었을 것이다. 그러나 반년 치의 먹거리를 확보할 수도 있는 고래잡이가 이들에게는 소망 중의 소망이요, 한 해, 한 해를 살아남을 수 있게 하는 가장 큰 희망이었을 것이다.

고래가 주로 새겨진 바위 화면 왼편에서 눈에 잘 들어오는 것 가운데 하나는 등에 작살이 꽂힌 순간 꼬리를 한쪽으로 휘며 몸을 뒤트는 듯한 큰 고래다. 거의 정지화면처럼 새겨졌지만, 고래의 등을 파고든 듯이 작살 끝이 일부는 보이지 않게 새긴 기법이 자아내는 효과는 확실하다. 화면은 배에서 몸을 날리며 고래 등에 작살을 꽂는 작살잡이의 모습을 눈에 그릴 수 있게 한다.

고래는 몸에서 피가 흐르기 시작하면 쉽게 멈추지 않는다고 한다. 이제 몸에 작살이 꽂혔고 작살에 달린 줄 끝에는 부구(浮具)가 달렸으니, 고래는 바다 깊은 곳으로 잠수하지도 못하고 피를 흘리며 멀리, 멀리 달아나는 수밖에 없다. 두세 번 몸에 작살이 꽂힌 고래는 몸에 작살과 줄을 단 채 바다의 이 끝에서 저 끝까지 달아나다가 지쳐 물에 뜬 채 마지막 숨을 내쉴 것이다.

반구대 바위가 발견된 지 오래지 않아 현장에 와 암각화를 본 사람들 가운데 어떤 분은 작살이 꽂힌 고래를 보고, 이 그림을 기원후 철제 도구가 활발하게 만들어지고 사용될 때 제작된 것으로 보았다.[14] 한마디로 삼한시대 울산 주민들이 고래 사냥에 나섰다는 증거요, 역사적 기록이라는 것이다.

그러나 안타깝게도 이런 견해는 오래지 않아 수정될 수밖에 없게 되었다. 울산 황성동 신석기시대 유적에서 골제 작살촉의 끝이 박힌 고래 척추 뼈가 발견된 것이다.[15] 이후 울산과 부산, 경남 해안의 패총과 신석기시대 유적에서는 고래의 귀 뼈나 척추 뼈가 여러 차례 수습되었다. 울산 황성동, 부산 동삼동, 통영 상노대도, 김해 수가리유적에서 고래 뼈가 발견, 수습되었다.[16] 고래의 귀 뼈는 고래의 나이를 알게 하는 정보가 담긴 자료로 한반도 동남해안에서 어린 고래뿐 아니라 나이 든 고래도 사람의 먹거리로 쓰였다는 사실을 알게 하였다.

후기구석기시대 이래 인류가 남긴 흔적에서 확인할 수 있는 특별한 사실 가운데 하나는 시기가 거슬러 올라갈수록 사냥을 생계 수단으로 삼던 사람들의 주된 사냥 대상이 매머드 같은 대형 포유류라는 사실이다. 사람들은 긴 코를 한 번만 휘둘러도 사람 몇을 나가떨어지게 할 수 있는 매머드 같은 동물을 사냥하려고 애썼음을 매머드 수십 마리의 뼈로 사냥철의 주거지를 만들어 지냈던 우크라이나 메진유적을 통해 확인할 수 있다.

함정에 빠지게 하거나 절벽 끝으로 쫓겨 가게 만들어 잡았다고 하더라도 후기 구석기시대에 적극적으로 행해진 매머드 사냥은 상당한 위험을 감수한 행위였다고 할 수 있다. 후기구석기시대의 인류가 이렇게 위험한 사냥에 굳이 나섰던 것은 한 번의 사

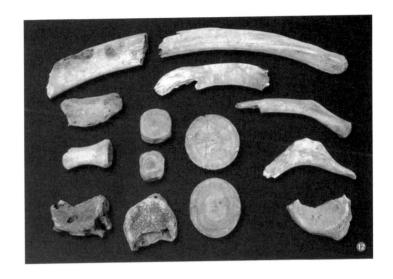

⑫ 고래 뼈(신석기시대, 부산 동삼동 패총, 부산박물관)

⑬ 고래 척추(신석기시대, 울산 황성동 세죽유적, 국립중앙박물관)

냥으로 얻을 수 있는 것이 너무 컸기 때문일 것이다. 또한 당시 사람들이 사용하던 도구로는 작고 빠른 중소형 포유류 사냥이 대단히 어려웠기 때문으로 볼 수도 있다.

반구대 암각화 바위에 생생하게 묘사된 신석기시대의 고래 사냥도 위와 같은 이유로 시도되었고, 비교적 자주 성공적인 결과에 이르지 않았을까? 비록 작고 빠른 중소형 포유류를 사냥할 수 있는 도구, 곧 사슴과 토끼잡이를 가능하게 하는 활과 화살을 쓸 수 있게 되었을지라도 이런 도구에 익숙해져 더 빨리 눈치 채고 달아나는 작은 포유류 사냥에 기운을 쏟기보다 바다에 나가 마을만큼 큰 고래 한 마리를 잡는 게 더 낫다는 생각을 하게 되면서 고래잡이가 시작된 거 아닐까?

물론 사람들이 하루아침에 사슴 사냥에서 고래잡이로 직업을 바꾸지는 않았을 것이다. 사슴 사냥이든, 고래잡이든 각각 나름의 전문성이 필요하고, 뭍을 삶터로 삼는 것과 바다를 생계의 터전으로 삼는 건 아예 다른 문제이기 때문이다. 해양 수렵과 육지 수렵은 말 그대로 분야가 다르다.

반구대 바위에 고래를 새겨 남긴 사람들은 해양수렵인들이다. 비록 한 해의 특정한 때 모습을 드러내는 고래를 잡았지만, 그 외의 기간에 할 수만 있다면 이들도 작은 포유류 잡는 걸 마다하지는 않았을 것이다. 아직 농경을 알지 못하던 상태에서 바

닷가에서 조개를 채취하는 일이나, 그물과 낚시로 물고기 잡는
일도 했을 것이다.

그런데도 이들이 한 해내 꿈꾸던 일은 큰 바다로 나가 거대한
고래를 잡는 일이었다. 함께 바다로 나간 이가 죽기도 하고, 심하
게 다치는 일도 있었을 것이다. 그러나 반년 치의 먹거리를 확보
할 수도 있는 고래잡이가 이들에게는 소망 중의 소망이요, 한 해,
한 해를 살아남을 수 있게 하는 가장 큰 희망이었을 것이다.

⑭ 고래 추판

7

◎

잠수하는 고래

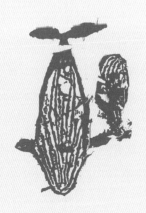

흑등고래의 흥미로운 습관 가운데 하나는 물속에서 배를 보이며 솟구쳐 올라 활 모양으로 몸을 뒤로 젖히며 머리부터 다시 물에 들어가며 바다에 큰 포말을 일으키는 '브리칭'이라는 재주넘기이다. 길이만 15m인 대형 고래가 자기 몸길이만큼 바다에서 뛰어올랐다가 다시 물로 들어가는 역동적인 모습은 바다에서 볼 수 있는 가장 경이로운 장면 중의 하나일 것이다.

반구대 암각화 바위에는 잠수하는 듯이 배를 드러내고 머리를 아래로 한 고래가 한 마리 등장한다. 새겨진 몸길이만 80cm인 이 고래는 반구대 암각화 고래 가운데 가장 크다. 배의 주름이 몸 아래까지 나 있고 가슴지느러미의 한쪽 끝이 둥근 이 고래를 혹등고래로 보기도 하는데, 혹등고래도 울산 앞바다에서 발견할 수 있는 고래 종 가운데 하나이다.

수염고래과에 속한 혹등고래는 몸길이가 11~16m이며 몸무게는 30~40톤이다.[17] 목과 가슴에 몸의 축과 평행하게 20개 정도의 홈이 나 있는데, 이 홈이 사진이나 그림으로 볼 수 있는 배 주름이다.[18] 45년에서 100년까지 사는 것으로 알려진 혹등고래는 여름엔 극지방 바다에서 지내고 겨울에는 열대나 아열대의 바다로 가서 새끼를 낳고 기른다. 새우 같은 갑각류나 플랑크톤이 주된 먹이지만, 무리를 이루어 작은 물고기도 떼로 잡아먹는다.

혹등고래의 사냥법으로 잘 알려진 것이 공기방울 감옥이다. 여러 마리가 무리를 이루어 물고기 떼를 둥글게 둘러싼 뒤 아래에서 분수공으로 공기 방울을 내뿜어 일종의 그물을 만든다. 아래로부터 올라오는 공기방울 그물에 갇힌 물고기는 할 수없이 수면을 향해 올라가게 되고 둥근 공기방울 그물을 점점 좁혀온 혹등고래들은 한순간에 입을 크게 벌리며 수면으로 솟구친다. 이 순간 혹등고래들의 거대한 입 안에는 더 이상 도망칠 곳이 없어진 물고기 떼가 가득하다.

고래는 1시간 이상 바다 깊이 들어가 머무를 수 있다. 바닷속 2250m까지 잠수해 90분 동안 심해 오징어를 잡아먹는 향고래를 관찰한 기록도 있다. 길이 20m에 50톤이 넘는 몸무게를 자랑하는 향고래가 아니더라도 2시간 이상 바닷속 깊은 곳까지 내려가 머문 고래도 관찰되었다. 위성추적 장치를 부착한 캘리포니아 민부리고래 한 마리는 수심 3000m까지 내려갔고, 잠수 시간은 3시간 42분이었다.[19]

머리를 아래로 향하고 가슴지느러미를 좌우로 편 채 깊이 잠수하는 듯이 보이는 반구대 암각화의 거대한 고래가 혹등고래라면, 바위 면에 새겨진 이 고래의 모습은 잠수하기 위한 것이 아닐 수도 있다. 주된 먹이가 작은 갑각류나 물고기라면 굳이 바다 깊은 곳까지 잠수할 필요가 없기 때문이다. 그렇다면 반구대 암각화를 남긴 예술가가 잠수하려는 듯한 모습으로 혹등고래를 묘사한 이유는 무엇일까?

혹등고래의 흥미로운 습관 가운데 하나는 물속에서 배를 보이며 솟구쳐 올라 활 모양으로 몸을 뒤로 젖히며 머리부터 다시

⑮ 반구대 암각화 실측도: 잠수하는 고래
⑯ 반구대 암각화: 잠수하는 고래

물에 들어가며 바다에 큰 포말을 일으키는 '브리칭'이라는 재주넘기이다. 길이만 15m인 대형 고래가 자기 몸길이만큼 바다에서 뛰어올랐다가 다시 물로 들어가는 역동적인 모습은 바다에서 볼 수 있는 가장 경이로운 장면 중의 하나일 것이다.

해안 가까운 길을 택해 이동하는 혹등고래가 혹 울산 앞바다에서 브리칭 하는 모습을 보였다면, 반구대 암각화를 남긴 사람들이 이 경이로운 장면을 생생히 보았다면, 혹등고래의 그런 재주넘기는 평생 잊을 수 없었을 것이다. 혹 반구대 암각화에 고래를 새겨 넣던 이가 혹등고래의 브리칭을 바위에 영원히 붙박아 넣기로 마음먹고 긴 주름이 두드러진 혹등고래가 바다에서 솟구쳐 올랐다가 다시 물로 들어가는 순간을 바위에 묘사한 것은 이 닐까?

8

◎

세 마리 고래의 춤

동해 한쪽 끝에서 다른 쪽 끝까지, 북태평양의 동쪽 끝에서 서쪽 끝까지 자유롭게 헤엄쳐 다니던 북방긴수염고래들은 사냥 대상이 되기가 어려웠을 것이다. 그런 점에 서는 이 고래들이 행복한 고래였다고 할 수 있다. 선사시대 예술가가 세 마리의 북방 긴수염고래를 마치 춤추는 듯한 자세로 반구대 바위에 표현한 것도 고래들이 노랫말 로 서로에게 전하던 이야기를 마음으로 들었기 때문이 아닐까?

．
：

반구대 바위에는 고래 세 마리가 나란히 무리 지어 헤엄치는 모습이 새겨졌다. 언뜻 보면 분기공에서 물을 뿜어내며 헤엄치는 모습이 춤을 추는 듯이 보이기도 하는데, 바위에 암각화를 새긴 예술가 나름의 창의력과 재치에서 비롯된 형상이라고 해야 할 것이다. 실제 바다에서 관찰할 수 있는 고래의 모습은 이렇지 않을 것이기 때문이다.

세 마리 고래 가운데 제일 오른쪽 것의 분기공 아래에는 활처럼 크게 휜 선이 두 개 표현되었는데, 이는 북방긴수염고래 특유의 입 모양을 나타낸 것이다.[20] 북방긴수염고래는 다른 고래에 비해 가슴지느러미가 넓고 끝이 뭉툭해 보인다. 바위에 새겨진 고래의 가슴지느러미도 조금 길고 넓으며 끝이 뭉툭하거나 둥글다.

북방긴수염고래는 울산 앞바다에서도 볼 수 있는 고래의 한 종류로 몸길이 15~18m, 몸무게 80~100톤인 대형 고래이다.[21] 수명은 50~70년이며 주식은 플랑크톤과 작은 물고기다. 1960년대에는 몸길이가 20m가 넘고 무게 135톤에 이르는 대형 고래가 잡히기도 했다.

북태평양참고래로도 불리는 이 고래는 한국의 동해에서도 자주 볼 수 있었으나, 20세기 초 울산 장생포에 포경기지를 설치한 일본, 일본보다 먼저 한반도 동해 남쪽에 포경기지를 두었던 러시아가 경쟁적으로 포경에 나서면서 개체 수로 볼 때, 지나치게 많이 포획된 종의 하나였다.[22] 1960년대까지 계속된 소련의 불법 포경으로 현재는 멸종위기종으로 분류된 상태다.

객관적으로는 북방긴수염고래가 머리를 아래로 한 혹등고래의 두 배이고 반구대 바위 면에 새겨진 고래 가운데 가장 크지만, 화면상으로는 곁에 새겨진 거대 상어와 얼핏 큰 차이를 보이지 않는다. 이는 북방긴수염고래가 바위 면에 새겨진 뒤 실제 크기는 더 작은 고래들이 화면에 크게 형상되었기 때문이다. 바위 면에 고래를 새긴 순서로 보면 북방긴수염고래 무리가 상대적으로 빠른 시기에 제작되었다고 할 수 있다.

지금은 울산 앞바다뿐 아니라 동해 어디서도 볼 수 없지만, 고래잡이가 이루어지던 신석기시대의 울산 바다에서는 비교적 자주 북방긴수염고래가 무리 지어 다니는 모습을 볼 수 있었던 듯하다. 분기공으로 물을 내뿜으며 무리 지어 다니는 북방긴수염고래의 모습이 선사시대 울산 사람들에게는 대단히 인상적이었을 것이다. 고래의 가슴지느러미와 꼬리, 활 모양으로 휜 독특한 입모양까지 사실감 있게 표현된 것으로 보아 반구대 암각화를 남

❼ 반구대 암각화 실측도: 북방긴수염고래
❽ 반구대 암각화: 북방긴수염고래

긴 사람들은 이런 종의 거대한 고래도 사냥해볼까, 어쩔까 하며 자세히 관찰했는지도 모른다.

신석기시대의 작은 배로 추적하고 작살을 꽂아보려 시도하기에는 너무 거대한 이 고래가 사람에게 사냥 당했을 가능성은 그리 크지 않다. 범고래도 마주치기 싫어 멀리서부터 피하던 게 북방긴수염고래 아닌가? 거대한 작살포를 설치한 철선이 마구잡이로 고래를 잡으러 다니던 20세기 전반이 아니라 그보다 수천 년도 전에, 동해 한쪽 끝에서 다른 쪽 끝까지, 북태평양의 동쪽 끝에서 서쪽 끝까지 자유롭게 헤엄쳐 다니던 북방긴수염고래들은 사냥 대상이 되기가 어려웠을 것이다. 그런 점에서는 이 고래들이 행복한 고래였다고 할 수 있다. 선사시대 예술가가 세 마리의 북방긴수염고래를 마치 춤추는 듯한 자세로 반구대 바위에 표현한 것도 고래들이 노랫말로 서로에게 전하던 이야기를 마음으로 들었기 때문이 아닐까?

9

◎

귀신고래

귀신고래들도 살고 죽는 걸 생각하기보다 자기네 세상에서는 보지 못한 새로운 생명체들을 태운 배를 보는 게 먼저였을지 모른다. 이런 귀신고래를 향해 날카로운 쇠작살을 쏘아대던 포경선 선원들의 마음은 어땠을까?

세상에 가만히 있는 건 없다. 생명도 무생명도 시간과 마주쳐 모습이 바뀌고 자리도 달라진다. 신석기시대 울산 앞바다는 태화강 하류를 깊게 파고들어 바닷물 특유의 짠 내를 십리대숲 너머 범서읍 천상리와 구영리에서도 맡을 수 있었지만, 21세기의 동해는 멀리 장생포까지 나가야 만날 수 있다. 울산만 안 깊숙한 곳에 펼쳐졌던 20세기 전반의 울산 염전이 지금은 온산공단과 아파트 및 상가건물의 숲이 되었다.[23]

예전 태화강 하류가 울산만에 둘러싸였을 때, 북태평양의 귀신고래들은 울산만 근처에서 겨울을 보냈다. 따뜻한 울산 앞바다에서 겨울을 보낸 뒤, 봄에서 가을 사이에 북쪽 멀리 먼바다저 끝까지 다녀오는 긴 여행을 떠났다. 동해를 지나 오호츠크해에서 베링해에 이르는 여행길에 고래들이 마주치는 건 바다 곁에 띠를 이루며 흐르는 높은 산들과 바다로 들어오는 강줄기, 강어귀에서 고래를 바라보는 곰 몇 마리 정도였다.

회색고래, 쇠고래로도 불리는 귀신고래는 고래목 귀신고래과에 속하는 유일한 종이다. 몸길이가 11~15m이고 몸무게는 40톤에 이르며 수명은 60년 정도이다. 공격성이 강한 고래로 알려졌

⑲ 반구대 암각화 실측도: 귀신고래
⑳ 반구대 암각화: 귀신고래

지만, 새끼를 기르고 있을 때 외에는 온순한 편이고 호기심이 남다르다. 바다 밑을 뒤져 새우나 바다 벼룩 같은 무척추동물을 걸러 먹는 까닭에 머리에 상처가 많다.

해마다 겨울이면 울산 앞바다에 나타나던 귀신고래의 북서태평양 무리는 한국계 귀신고래, 한국계 회색고래로도 불렸으나, 일제강점기에 심하게 포경되어 사실상 사멸되었다.[24] 천연기념물 126호로 지정된 귀신고래는 1962년 울산 앞바다에 모습을 보인 뒤, 더는 보이지 않는다. 사멸되었다고 보았던 북서태평양 귀신고래가 1990년대에 한국 동해의 북쪽 끝자락에 놓인 러시아 사할린 인근에서 130마리 정도가 발견되었다고 한다.[25] 그러나 이 무리도 이후에는 모습을 드러내지 않고 있다.

바다에 배가 보이면 배 근처까지 와 '이게 뭐지?' 하는 표정을 짓던 귀신고래는 이 호기심 때문에 사냥하기 쉬웠다고 한다. 미국 캘리포니아 앞바다를 회유하는 북동태평양의 귀신고래 무리는 이 호기심으로 말미암아 고래 관광을 나온 사람들에게 사랑과 감탄의 대상이 되고는 한다. 호기심으로 죽고, 호기심으로 사랑받는 삶. 호기심은 사람이 무리 지어 태평양 가장 외진 곳까지, 남아메리카의 남단 티에라 델 푸에고까지 가 정착하게 한 원동력이기도 하다. 아마 귀신고래들도 살고 죽는 걸 생각하기보다 자기네 세상에서는 보지 못한 새로운 생명체들을 태운 배를 보

는 게 먼저였을지 모른다. 이런 귀신고래를 향해 날카로운 쇠작
살을 쏘아대던 포경선 선원들의 마음은 어땠을까?

10

◎

들쇠고래와 참돌고래

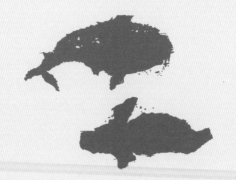

반구대 암각화에 보이는 참돌고래 곁에는 잠수하는 듯이 머리를 아래로 하고 헤엄치
는 고래가 묘사되었는데, 이 고래의 머리와 닿으면서 옆으로 헤엄치는 자세로 형상된
것이 들쇠고래이다. 돌조각이 일부 떨어져 나가면서 꼬리의 아래쪽이 없어졌지만, 끝
이 구부러진 가슴지느러미, 크고 네모진 머리는 들쇠고래의 외관상 특징이다.

한반도의 바다에서는 35종의 고래가 발견된다고 한다.[26] 그러나 반구대 바위에 붙박인 57마리의 고래 가운데 종이 확인되는 것은 여섯 정도이다.[27] 바위에 고래를 새긴 사람들이 본 고래의 종류는 이보다 많았을 것이 확실하나, 고래를 바위에 형상하면서 자연스레 과장되기도 하고, 각각의 고래의 특징적인 부분이 간략히 처리되면서 나타난 현상으로 보아야 할 것이다. 더욱이 세월이 흐르면서 고래를 새긴 부분의 돌 조각이 일부 떨어져 나가기도 하면서 특징적인 지느러미의 모양이 온전히 남지 않게 된 사례도 있을 것이다.

반구대 바위의 짐승들이 주로 새겨진 화면의 아래쪽, 노루로 보이는 짐승 곁에는 꼬리를 아래로 내려뜨린 고래 한 마리가 형상되었다. 주둥이 끝이 뾰족하고 길게 나온 이 고래는 참돌고래의 일종으로 추정되고 있다. 물론 바위에 표현된 것처럼 주둥이가 길고 뾰족한 참돌고래과의 고래는 무려 6종이나 되므로 반구대 암각화의 이 고래가 그중 어떤 종류인지는 확정하기 어렵다. 긴부리돌고래일 수도 있고, 참돌고래나 큰돌고래, 줄박이돌고래, 점박이돌고래일 수도 있기 때문이다.

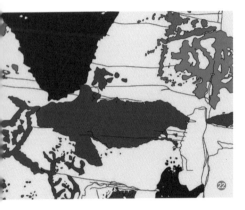

㉒ 반구대 암각화 실측도: 들쇠고래
㉓ 반구대 암각화: 들쇠고래
㉔ 반구대 암각화 실측도: 참돌고래
㉕ 반구대 암각화: 참돌고래

참돌고래는 울산 앞바다에서도 자주 발견되는 것으로 때로 수십 마리, 심지어 백 마리 이상이 무리 지어 바다 위로 솟구치며 헤엄치는 모습이 장관이어서 고래 관광차 배를 타고 바다에 나온 이들의 사랑을 받는다. 한국의 동해와 남해에서 자주 모습을 보이는 참돌고래는 몸길이 2.5m, 무게 235kg 정도의 작은 고래로 수명은 40년 정도이다. 오징어와 작은 물고기를 먹이로 삼는 이 고래는 아열대와 열대 해역을 주로 돌아다니지만, 지중해처럼 어느 정도 온난한 해역에도 출몰한다.

2022년 6월 27일, 울산 정자 앞바다에서는 자연사 직전의 참돌고래를 5~6마리의 다른 고래가 주위를 맴돌며 주둥이와 등으로 물 위로 올려 숨을 쉴 수 있게 하는 듯한 행동을 1시간가량 하다가 기운이 다한 고래가 물속으로 가라앉기 시작하자 아쉬운 듯 둘레를 돌다가 떠나는 모습이 국립수산과학원 고래연구소 연구원들에 의해 관찰되었다.[28] 참돌고래가 동료의 장례식을 치른다는 사실이 확인된 것이다.

들쇠고래도 참돌고래과에 속하지만, 보통의 참돌고래보다 크다. 몸길이는 5.5~6.1m이고, 몸무게는 3.6톤에 이른다.[29] 다 자란 것 가운데 큰 고래는 7m에 이르기도 한다. 수명은 45~65년 정도이고 최소 15마리, 많게는 수백 마리가 무리를 이루어 다닌다. 물위로 솟아오르는 일은 드물지만, 헤엄치다 배가 가까이 오면 물

위로 몸을 내밀며 수직으로 세워 살펴보기도 한다고 한다.

들쇠고래도 다른 참돌고래처럼 사회성이 매우 높아 일사불란하게 집단으로 움직이는 습성이 있어 우두머리가 방향을 잘못 잡아 해변 가까이 가면 뒤를 따르다가 집단으로 좌초하는 사례가 종종 발생한다. 2018년 11월에는 145마리의 들쇠고래가 뉴질랜드 해안에 좌초하여 떼죽음에 이르기도 하였다.[30]

반구대 암각화에 보이는 참돌고래 곁에는 잠수하는 듯이 머리를 아래로 하고 헤엄치는 고래가 묘사되었는데, 이 고래의 머리와 닿으면서 옆으로 헤엄치는 자세로 형상된 것이 들쇠고래다. 돌조각이 일부 떨어져 나가면서 꼬리의 아래쪽이 없어졌지만, 끝이 구부러진 가슴지느러미, 크고 네모진 머리는 들쇠고래의 외관상 특징이다.

11

◎

범고래

반구대 암각화 바위에는 범고래로 보이는 동물이 둘 등장한다. 고래를 사냥하는 모습은 아니지만, 몸에 범고래 특유의 흰 점이 둘 표현되어 정체가 범고래임을 보여준다. 이는 암각화를 제작한 사람이 범고래의 특징을 잘 알고 있었음을 뜻한다. 의문이 드는 것은 이 범고래가 주위의 다른 고래보다 작게 묘사되었을 뿐 아니라 무리의 다른 가족들과는 떨어져 있다는 점이다.

범고래는 이름처럼 바다의 범이다. 단지 육지의 범과 다른 건 무리 사냥을 한다는 거다. 이런 점에서는 사자와 더 가깝다고도 할 수 있다. 현재까지 알려진 범고래의 주식은 오징어나 갑오징어 같은 두족류와 연어, 청어 등의 어류다. 그러나 이는 사람들이 대형 고래를 집중적으로 사냥하면서 해양 생태계 구성이 달라진 데서 기인한 현상이라고도 한다. 실제 범고래는 상황에 따라 물개나 바다사자 같은 해양 동물들도 사냥하고 돌고래나 수염고래를 잡아먹기도 한다.

범고래는 상어 가운데 최상위 포식자인 백상아리도 자주 사냥한다. 백상아리들의 정기적인 이동 통로인 동남 아프리카 해안에서는 간이 사라진 백상아리 사체가 자주 발견되는데, 이는 지방이 풍부한 상어의 간을 노린 범고래 무리에 의한 것이다.

분류상 참돌고래과에 속한 범고래는 수온이 높지 않은 극지방 바다에서 사냥하기를 좋아하지만, 한반도의 바다에서도 찾아볼 수 있다.[31] 몸길이가 6~8m 정도인 수컷의 평균 수명은 50년 정도이고, 5~7m인 암컷은 최대 90년까지 산다. 다 자란 범고래의 평균 무게는 3~6톤이지만, 몸길이 9.8m에 무게 10톤 정도

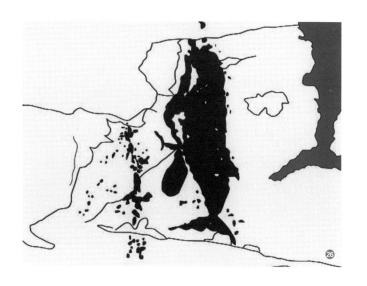

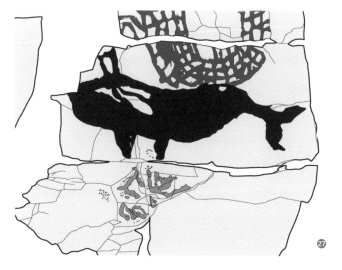

㉖ 반구대 암각화: 범고래 1
㉗ 반구대 암각화: 범고래 2

인 범고래가 일본 연안에서 발견된 적도 있다. 범고래는 모계사회로 나이가 많은 암컷이 무리를 이끈다.

3~4대가 무리를 이루어 서로를 도우며 사는 범고래는 산과 바다의 많은 생명 중 가장 지능이 높은 몇 중 하나다. 새끼를 낳으면 무리가 함께 돌보고 장기간에 걸쳐 먹이 사냥 방법을 가르치는 것도 보통의 고래들과 다른 점이다. 때로 범고래 한 마리가 새로운 사냥법을 개발하거나 익히면 곧바로 무리 전체에 이를 전파해 집단 사냥에 적용한다. 범고래가 보여주는 이런 모습이 어떤 면에서는 사냥을 생계 수단으로 삼는 선사시대나 고대 사회의 사람 무리와 크게 다르지 않다.

지능이 높은 범고래는 사냥 대상에 따라 사냥 방법을 달리하는 것으로도 잘 알려졌다. 일각고래로도 불리는 흰고래 벨루가를 사냥할 때는 고래들이 헤엄치기 어려운 해변의 얕은 물 쪽으로 밀어붙여 고립시킨 뒤 잡아먹는다. 혹등고래의 새끼를 사냥할 때는 어미가 지칠 때까지 밀치고 괴롭혀 어미가 새끼에게서 멀리 떨어지게 한 다음 몸통으로 새끼를 눌러 익사시킨 뒤 턱 아래 부드러운 부분을 물어뜯어 먹는다.

떠다니는 얼음 덩어리 위로 피신한 물개나 바다사자를 사냥할 때는 여러 마리의 범고래가 빠른 속도로 헤엄쳐 파도를 일으킨다. 갑작스러운 파도로 말미암아 얼음 덩어리가 한쪽으로 기울어 물개나 물범이 바다에 빠지면 이 순간을 놓치지 않고 달려들어 잡아먹는다. 때로 얼음 덩어리가 너무 커 파도에도 쉽게 일렁이지 않으면 더 높은 파도를 일으켜 얼음이 작은 조각으로 부서지게 해 피신했던 동물이 결국 바다에 다시 빠지게 만든다. 물론 사냥에 나선 범고래 무리가 이 순간을 놓칠 리 없다.

반구대 암각화 바위에는 범고래로 보이는 동물이 둘 등장한다. 고래를 사냥하는 모습은 아니지만, 몸에 범고래 특유의 흰 점이 둘 표현되어 정체가 범고래임을 보여준다.[32] 이는 암각화를 제작한 사람이 범고래의 특징을 잘 알고 있었음을 뜻한다. 의문이 드는 것은 이 범고래가 주위의 다른 고래보다 작게 묘사되었을 뿐 아니라 무리의 다른 가족들과는 떨어져 있다는 점이다.

반구대 바위에 암각을 남긴 작가는 어떤 이유로 범고래가 혼자 있는 모습을 새겼을까? 무리가 사냥에 나서기 전 사냥감을 물색하러 나온 범고래 한 마리가 우연히 눈에 들어왔던 기억을 되살리며 범고래를 새긴 것일까? 아니면 여러 마리의 범고래를 새기기에는 암각 면이 너무 좁아서였을까? 사실 잘 들여다보면 범고래가 새겨진 부분은 고래가 여러 마리 무리를 지은 것처럼 보이는 큰 바위 면의 아래쪽 끝과 별도의 작은 바위 면이어서 무리의 다른 고래를 한 마리 더 새길 공간이 남아 있지 않기도 하다.

12

◎

미완성 고래

시작하면 완성할 때까지 바위 앞을 떠나지 않아야 하는 샤먼이자 예술가였던 반구대 바위 새김 작가가 고래를 형상하다 말고 반구대 바위를 떠난 것 아닐까? 반구대를 떠난 뒤 다시 이 암각화 바위로 돌아오지 못한 듯하다. 갑작스레 일어난 이 일로 말미암아 반구대 바위의 이 고래는 미완성으로 남았나. 꿈의 빈은 빈 ?대에, 다른 밤은 바다에 있게 되었는지도 모르겠다.

．

고래가 무리로 보이지 않는 화면 오른쪽에 속을 일부만 쪼아낸 고래가 보인다. 다른 고래들은 다 온전하게 다듬어졌는데, 이 고래는 작가가 다듬다가 말았다는 느낌을 준다. 어쩌다 이런 일이 일어났을까?

반구대 암각화의 고래는 작은 것도 몸통 좌우의 가슴지느러미와 꼬리가 모두 표현되었다. 그런데 이 고래는 몸과 꼬리는 형상되었지만, 가슴지느러미는 새겨지지 않았다. 몸통도 아래쪽은 새겨지고 위쪽은 바깥 윤곽선만 쪼아졌다. 아무리 봐두 미완성이다. 무슨 일이 있었던 것일까?

고래는 머리와 꼬리의 형태로 종류를 구분할 수 있다. 반구대 바위에 고래를 새긴 이들도 이 사실을 잘 알고 있었다. 이런 까닭에 꼬리와 머리를 어떻게 형상화할지에 신중했다. 암각을 한 예술가들의 경험과 눈썰미 때문에 수천 년 뒤 암각화를 보는 우리는 새겨진 고래의 종류를 어느 정도 짐작할 수 있다.

미완성 고래는 종류를 짐작해내기도 쉽지 않다. 다른 고래들과 달리 머리 형태가 애매하게 처리되었기 때문이다. 뭉툭하지도 않고 적당히 둥글지도 않으면서 머리 좌우 두 선이 끝에 모이는

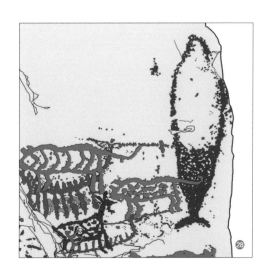

㉘ 반구대 암각화 실측도: 미완성 고래
㉙ 반구대 암각화: 미완성 고래

형태도 아니다. 얼마든지 더 다듬어 고래의 형태적 특성이 명확히 드러나게 할 수도 있었지만, 이 고래를 새긴 작가는 그렇게 하지 않았다.

무리를 이룬 고래들이 새겨진 화면과 구별되는 새로운 화면의 왼편에는 위와 아래로 고래 한 마리씩 새겨졌지만, 언뜻 이 두 마리의 고래는 무리를 이룬 고래 그림의 한쪽 끝을 이루는 듯이 보이기도 한다. 넓고 편평한 이 오른쪽 바위 면에 아직 다른 거라고는 이전에 새겨진 아래쪽의 사슴 두어 마리뿐이다. 적어도 오른쪽의 미완성 고래가 새겨지기 전까지 이 화면은 대부분 빈 상태였다.

미완성 고래 왼편 아래 배와 비슷하게 새겨진 두구를 고래잡이배로 볼지는 여전히 불확실하다. 어떤 이는 뱃머리에서 작살잡이가 작살을 겨눈 장면으로 이해하기도 한다. 그러나 이는 좀 무리한 의견으로 보아야 할 것이다. 비례 관계도 맞지 않을뿐더러 작살잡이가 고래의 몸통 아래쪽이나 꼬리 근처에서 고래를 겨눈다는 설정은 좀 억지스럽다. 뱃머리 부분에서 고래 쪽으로 이어진 선도 보기에 따라서는 돌에 난 자연스러운 흠집 정도로 볼 수도 있기 때문이다.

고래잡이배는 바다에서 머리만 살짝 내민 고래 근처에서 작살잡이가 몸을 날리며 고래의 몸에 작살을 꽂는다. 어떤 고래든,

아무리 호기심이 많은 귀신고래조차 바다 위로 온몸을 드러내지 않는다. 또 화면에서 나타내려 애썼듯이 신석기시대가 아닌 현대의 무동력 고래잡이배에 10명이 넘는 사람이 타는 일도 드물다.

화면으로 보아 미완성 고래는 예나 지금이나 홀로 바다를 헤엄치고 있지만, 작가의 손길이 몸통에 해당하는 부분에 더해지지 않으면서 마치 몸의 일부를 바다 위로 내민 듯이 보이기도 한다. 혹, 작가가 몸의 많은 부분이 흰 범고래를 나타내려 한 것은 아닌가? 그렇게 보기에는 고래가 전혀 날렵해 보이지도 않고, 범고래 특유의 흰 반점도 없다. 살짝 좁아지면서 뾰족해진 머리 형태도 범고래의 둥근 머리와 다르다. 그냥 미완성인 것이다.

아무래도 작가에게 무슨 일이 있었던 것 같다. 시작하면 완성할 때까지 바위 앞을 떠나지 않아야 하는 샤먼이자 예술가였던 반구대 바위 새김 작가가 고래를 형상하다 말고 반구대 바위를 떠난 것 아닐까? 반구대를 떠난 뒤 다시 이 암각화 바위로 돌아오지 못한 듯하다. 갑작스레 일어난 이 일로 말미암아 반구대 바위의 이 고래는 미완성으로 남았다. 몸의 반은 반구대에, 다른 반은 바다에 있게 되었는지도 모르겠다.

13

◎

고래 나누기

반구대 암각화에 고래 그림을 남긴 사람들의 마을에서도 해마다 때가 되어 고래잡이에 나서면 온 마을 사람이 성공적인 사냥을 기원했을 것이다. 물론 거대한 고래를 달고 돌아오는 배가 수평선 안쪽으로 모습을 드러낼 때는 마을 사람 모두가 환호를 질렀으리라. 소리를 지르던 사람들은 하나같이 마을만큼 큰 고래의 몸에서 나올 지방과 고기, 가죽과 심줄, 뼈까지 어떻게 나누고 활용할지 머릿속에 그렸을 것이다.

반구대 암각화에는 잡은 고래를 어떻게 잘라냈는지 짐작하게 하는 그림이 둘 있다. 뭍짐승들이 주로 그려진 바위면 오른쪽 아래역삼각형의 사람 얼굴을 새겨진 면 가까운 곳에 한 마리가 표현되었고, 주암면에서 떨어져 있는 작은 바위 면에 다른 한 마리가형상화되어 있다. 둘 다 고래의 머리에서 꼬리 사이에 여러 개의구획선을 가로, 세로로 그어 고래의 종류를 나타내려 한 것이 아님을 알게 한다.

지금도 미국 알래스카의 원주민 이누이트족이나 인도네시아렘바타섬 라마레라 마을 사람들은 바다에 나가 고래를 잡으면해변으로 끌고 와 한나절 동안 힘들게 해체한다. 워낙 거대한 동물이라 죽은 고래를 배에 달고 해변으로 끌고 오는 데에도 상당한 시간이 걸린다. 이들의 고래 해체는 전통적인 고래잡이 해체방식과 크게 다르지 않는데, 공통적인 것은 머리와 꼬리, 지느러미를 먼저 잘라내고 몸통 나누기에 들어간다는 사실이다.

고래의 머리를 먼저 자르는 건 가능한 한 빨리 피를 빼 죽은고래의 신선도를 유지하기 위해서다. 꼬리를 따로 질라내는 건다른 이유가 있는데, 전통사회에서 머리와 꼬리 고기는 고래사냥

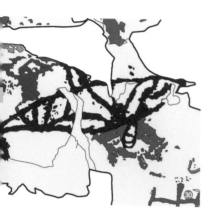

30 반구대 암각화 실측도: 고래 해체 1
31 반구대 암각화: 고래 해체 1
32 반구대 암각화 실측도: 고래 해체 2
33 반구대 암각화: 고래 해체 2

에 바치는 제물로 쓰이기 때문이다.[33] 머리와 꼬리 일부가 고래 한 마리를 대신하는 것이다. 이는 유목민 사회에서 양을 잡을 경우, 꼬리 지방을 따로 챙겨 신에게 바치거나, 마을의 큰 어른, 혹은 그곳을 찾은 귀빈이 먼저 맛보도록 하는 거나 비슷하다. 이들의 인식에서 양의 꼬리 지방은 양 한 마리를 대신할 수 있는 귀한 부분이다. 사냥꾼 무리나 유목사회에서 지방 섭취가 매우 중요했음을 고려하면 충분히 이해가 가는 관습이다.

잡은 고래의 해체에 들어간 뒤 가장 맛있다고 알려진 부분은 제일 먼저 잘라내 작살잡이에게 준다. 고래잡이에 나서면 가장 큰 위험과 맞닥뜨리는 사람이 작살잡이이기 때문이다. 실제 고래잡이에 나섰다가 가장 먼저, 가장 크게 다칠 수 있거나, 다치는 사람이 작살잡이다. 보통 작살잡이는 고래의 몸에 작살을 꽂으면서 물에 빠지게 되는데, 고래가 요동치면서 몸을 틀고 꼬리로 바닷물을 내리칠 때 가장 위험한 상황에 노출되는 이가 아직 물속에서 나오지 못한 작살잡이다.

인도네시아 라마레라 마을의 경우와 같이 마을에서 배를 내어 잡아 온 고래는 마을 사람 전체의 것이다. 고래잡이에 나서지 않거나, 못한 사람도 가져가고 싶은 만큼 고래 고기를 가져갈 수 있다. 전통사회의 관습이 유지되는 곳에서는 어디나 마을 단위로 이루어지는 큰일은 마을 구성원 전체의 책임이자 권리이다.

반구대 암각화에 고래 그림을 남긴 사람들의 마을에서도 해마다 때가 되어 고래잡이에 나서면 온 마을 사람이 성공적인 사냥을 기원했을 것이다. 물론 거대한 고래를 달고 돌아오는 배가 수평선 안쪽으로 모습을 드러낼 때는 마을 사람 모두가 환호했으리라. 소리를 지르던 사람들은 하나같이 마을만큼 큰 고래의 몸에서 나올 지방과 고기, 가죽과 심줄, 뼈까지 어떻게 나누고 활용할지 머릿속에 그렸을 것이다. 아마 그런 생각만으로도 모두가 행복했으리라.

14

◎

밍크고래는 없다

북방긴수염고래처럼 분기공으로 물을 뿜어내는 모습이 장관이거나, 혹등고래처럼 특유의 브리칭으로 사람들로부터 경이로움으로 가득한 눈길을 받지 않았다면, 밍크고래가 바닷사람들의 기억에 남아 반구대 바위에까지 모습을 남길 가능성은 그리 크지 않다. 안타깝게도 반구대 암각화에 모습을 남긴 밍크고래는 없다.

반구대 바위에는 대략 6종정도의 고래가 새겨졌지만,[34] 울산 앞바다에서 자주 발견되고 개체 수도 적지 않은 밍크고래는 형상되어 있지 않다. 울산 앞바다를 포함해 한반도 동해에서 볼 수 있는 모든 고래 종이 암각화로 남아 있지는 않아도 비교적 발견 빈도가 높지 않은 범고래를 포함해 귀신고래나 혹등고래, 북방긴수염고래, 참고래 등이 바위에 새겨진 점을 고려하면 이는 고개를 갸웃할 만하다.

울산과 포항 앞바다에서 비교적 자주 혼획되어 겨레된 뒤, 고래 고기로 시장에 나오는 밍크고래가 암각화로 남아 있지 않은 이유는 무엇일까? 암각화를 새긴 이들이 밍크고래와 만난 일이 없어서일까? 아니면 신석기시대까지는 밍크고래가 한반도 동해 안에 출몰하지 않았기 때문일까? 혹 밍크고래는 특별하게 여겨져 바다에서 사냥당하지 않았던 것일까?

쇠정어리고래로도 불리는 밍크고래는 수염고래의 한 종류로 최대 몸길이는 9~10m에 이르고 무게도 12~14톤까지 나간다. 전 세계의 바다에서 발견되는 종으로 주된 먹이는 멸치를 비롯한 작은 물고기와 오징어, 플랑크톤이다. 호기심이 많아 사람이 탄 배 가까이 헤엄쳐 오기도 한다고 한다. 수염고래 중에는 작은 축에 속해 범고래 무리가 적극적으로 사냥을 시도하는 고래 중의 한 종류이다.

밍크고래는 개체 수도 많고 전 세계의 바다에 분포하지만, 적극적인 포경의 대상이 되지는 않았다. 귀신고래나 참고래, 긴수염고래, 대왕고래 같은 중대형 고래에 비해 크기가 작아 경비가 많이 드는 포경선의 사냥 대상으로는 적합하지 않았기 때문이다.

그러나 20세기 후반, 세계적으로 상업 포경이 위축되고, 금지되면서 일본이나 노르웨이 등에서는 멸종 위기종이거나 개체 수가 극히 적어진 중대형 고래 대신 밍크고래를 잡아 식용에 쓰는 경향이 강해졌다. 이로 밍크고래는 말미암아 한 해 수천 마리씩 사냥당하는 거의 유일한 고래 종이 되었다. 한국에서도 고기잡이 그물에 혼획되는 고래는 주로 밍크고래이다.[35] 한국에서 연간 수십 마리씩 혼획되는 까닭에 고래 보호에 관심이 많은 환경 단체 등에서는 밍크고래가 자주 다니는 바닷길에 그물을 내리는 의도적인 혼획 가능성도 있다며 의심의 눈길을 거두지 않는다.

밍크고래는 중대형 고래와 달리 크기도 작은 데다 혼자 다니거나 많아야 2~3마리가 같이 다니므로 바다에서도 눈에 잘 띄지 않는다. 더구나 분기공으로 물을 뿜는 모습도 잘 보이지 않아

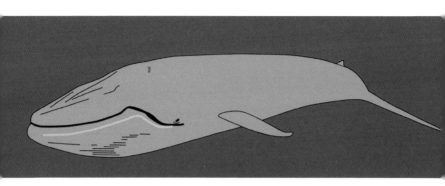

넓은 바다에서 찾아내기에 쉽지 않다.

한반도의 동해 연안을 따라 여행하던 밍크고래는 반구대 암각화에 고래 모습을 남겼던 사람들도 바다에서 쉽게 찾아내지 못한 까닭에 사냥 대상으로 삼지 않았을 가능성이 크다. 북방긴수염고래처럼 분기공으로 물을 뿜어내는 모습이 장관이거나, 혹 등고래처럼 특유의 브리칭으로 사람들로부터 경이로움으로 가득한 눈길을 받지 않았다면, 밍크고래가 바닷사람들의 기억에 남아 반구대 바위에까지 모습을 남길 가능성은 그리 크지 않다. 안타깝게도 반구대 암각화에 모습을 남긴 밍크고래는 없다.

15

◎

고래 스트랜딩

신석기시대에 처음으로 고래 고기를 맛볼 수 있었던 사람들은 모래톱에 얹혀 죽은 고래를 발견한 이들이었을 가능성이 크다. 작은 배에서 내리는 그물로는 잡을 수 없던 거대한 바다 동물이 해안에 떠밀려 와 죽어 있다면, 먹거리 확보에 여념이 없었을 당시로써는 말 그대로 하늘에서 내린 횡재가 아닐 수 없었을 것이다.

:

고래 사냥은 어떻게 시작되었을까? 고래를 잡아먹어야겠다는 생각은 어떻게 하게 되었을까? 얕은 바다에서는 볼 수 없는 이 거대한 바다짐승이 사람의 먹거리가 될 수 있었던 이유는 무엇일까?

고래 스트랜딩은 고래 좌초로 번역될 수 있지만, 고래의 집단 자살로 의역되기도 한다. 현상적으로는 고래가 무리 지어 해안 모래톱에 몸을 얹어 꼼짝달싹할 수 없게 된 뒤 죽는 일을 가리킨다. 스트랜딩의 원인은 여러 가지일 것이나 이유가 정확히 밝혀지지는 않았다. 범고래 같은 고래 사냥꾼들에게 쫓긴 고래들이 해안까지 오거나, 여러 가지 이유로 우두머리 고래가 방향 감각을 잃어 무리와 함께 해안으로 들어왔으리라는 해석에 비교적 많은 이들이 수긍한다. 최근에는 군함과 잠수함에서 발사하는 음파가 고래의 방향 감각을 잃게 하고, 고래가 심한 스트레스 상태에 빠지게 해 결과적으로 고래 스트랜딩의 원인으로 작용하기도 한다고 한다.

실제 고래 스트랜딩은 해안 어디서나 일어날 수 있지만, 고래가 무리 지어 돌아다니는 회유 경로 중의 한 곳에서 일어나는 사례가 비교적 자주 있다. 범고래 등이 고래 사냥을 위해 길목을 지키거나, 우두머리 고래를 따라가는 무리가 지나는 곳이 회유 경로인 경우가 일반적이기 때문이다. 2020년 9월 호주 남동부 태즈메이니아섬 서부 매쿼리 선착장 인근 모래사장에서는 모두 470여 마리의 파일럿 고래가 좌초 상태로 발견되어 이 가운데 50여 마리 정도가 구조되어 바다로 되돌아갔다고 한다.[36]

한반도에서는 고래 스트랜딩의 사례가 확인되지 않지만, 범고래의 무리 사냥에 쫓긴 고래나 돌고래가 해안으로 밀려오는 경우는 충분히 상정할 수 있다. 고래나 큰 물고기가 바다에서 먹이 사냥을 하면서 사냥감을 해안의 얕은 물 쪽으로 밀어내는 사례는 흔히 보이기 때문이다.

울산 앞바다는 귀신고래의 회유 경로이기도 하지만, 남방큰돌고래를 비롯하여 여러 종류의 고래와 만날 수 있는 곳이기도 하다. 이런 곳에 범고래 무리가 나타나지 않는다면 이도 이상한 일이다. 범고래는 Killer Whale이라는 영어 이름처럼 주된 먹이가 고래와 물개 같은 바다 동물이기 때문이다. 범고래에 쫓긴 수염고래나 돌고래가 울산만 안쪽 모래톱에 좌초할 가능성은 언제든지 열려 있었던 셈이다.

신석기시대에 처음으로 고래 고기를 맛볼 수 있었던 사람들은 모래톱에 얹혀 죽은 고래를 발견한 이들이었을 가능성이 크다.[37] 작은 배에서 내리는 그물로는 잡을 수 없던 거대한 바다 동

물이 해안에 떠밀려 와 죽어 있다면, 먹거리 확보에 여념이 없었을 당시로써는 말 그대로 하늘에서 내린 횡재가 아닐 수 없었을 것이다.

바다가 삶터인 고래의 몸은 두꺼운 지방층으로 덮여 있다. 고래를 잡으면 엄청난 양의 고기도 고기지만, 양질의 지방을 듬뿍 얻을 수 있다.[38] 고대나 그 이전 시기로 올라갈수록 인간의 삶에 유용한 것은 높은 열량을 얻을 수 있는 지방이다. 지금도 몽골처럼 겨울이 길고 추운 곳에서 손님을 대접할 때 먼저 내놓는 것이 양의 꼬리에 있는 지방 덩어리인 것을 고려하면, 죽은 고래의 지방은 이를 얻은 사람들에게는 신이 내린 선물이라고 해도 과언이 아닐 것이다. 신석기시대에 반구대 암각화를 남긴 사람들이 큰 바다로 나가 고래를 잡아 보리라 마음먹은 것도 울산만 해안에 스트랜딩한 고래에서 얻은 양질의 지방 덩어리 때문 아니었을까?

16

◎

바다사자와 북방물개

한반도 동남해안 신석기시대 패총에서 고래 뼈와 함께 바다 동물들의 뼈가 발견되고,
일본 조몬시대의 패총에서도 바다사자 뼈가 확인되는 것으로 보아 신석기시대에 반
구대 바위에 고래를 새긴 사람들도 동해 연안에 살거나 모습을 보이던 바다사자나 점
박이물범, 북방물개를 잡았을 가능성이 크기 때문이다.

강치, 혹은 독도강치로 불리던 한국 바다사자는 몸길이 1.6~2.5m, 몸무게 300~560kg이다.[39] 울릉도와 독도가 주 서식지로 알려졌지만, 본래는 동해의 한국 연안과 일본 연안, 쿠릴열도와 캄차카반도 연안에 수만 마리가 살았다. 강치라는 명칭은 18세기 조선의 실학자 이규경의 저서 '오주연문장전산고'에 처음 등장한다.

섬에서 살던 사람들을 내륙으로 철수시킨 조선의 공도(空島) 정책은 한국 바다사자가 울릉도와 독도를 중심으로 번성하는 데에 큰 계기로 작용하였다. 독도가 한국 바다사자의 주요 번식지가 된 것도 이 때문일 가능성이 크다. 그러나 구한말 공도 정책이 공식 폐기되고 울릉도에 다시 사람이 들어가 살게 되면서 바다사자의 가죽과 고기, 뼈 등을 얻기 위한 포획이 본격화되었다.

가지, 가제, 가지어, 수우(水牛)라는 명칭으로도 알려졌던 한국 바다사자는 일제강점기에 일본 시마네현의 어부들과 다케시마어렵회사에 의해 집중하여 포획되면서 멸종의 길에 들어섰다. 1905년부터 8년 동안 다케시마어렵회사가 잡아들인 한국 바다사자의 수만 1만 4천여 마리였다고 한다. 한국 바다사자가 마지막으로 포획된 곳은 1974년 일본 홋카이도 북부 레분섬에서라고 한다.

동해 연안에는 북방물개도 서식하였는데, 주 서식지는 한반도 북부 해안과 오호츠크해, 베링해 연안이다. 몸길이 1.5~2m, 몸무게 100~300kg, 수명이 25년 정도인 북방물개는 오징어와 물고기가 주식이다. 보통 수컷 한 마리가 30~50마리의 암컷을 거느린다. 북방물개는 18세기부터 모피를 이용하기 위한 남획이 계속되어 2000년대에는 찾아보기 힘든 멸종위기종이 되었다. 북한에서의 명칭은 우암물개이다. 지금도 울릉도에서는 가끔 발견된다. 북방물개의 가장 최근 발견 사례는 2020년 3월 11일 울릉도 저동항에서다.[40]

점박이물범은 바다표범의 한 종류로 한국인에게는 백령도 점박이물범, 백령도 물개로 알려진 바다짐승이다. 오호츠크해를 중심으로 북쪽으로는 베링해, 남쪽으로는 한반도 해안까지 분포한다. 몸길이 160~170cm, 몸무게 70~130kg, 수명은 30년 정도이다. 작은 물고기와 오징어가 주식이다.

점박이물범 가운데에는 좁은 지역을 오가며 사는 무리도 있고, 북방의 오호츠크해와 캄차카반도에서 한국 해안 사이를 오가는 무리도 있다고 한다. 멀리 회유하는 무리는 겨울에 울릉도와 동해안 일대에서 볼 수 있고, 좁은 해역을 오가는 개체들은 서해안 백령도에서 볼 수 있다. 100~300마리 정도인 서해안 백령도 점박이물범은 발해만과 백령도 사이를 오간다.[41] 백령도 점

㊱ 반구대 암각화: 바다사자로 볼 수 있는 고래

㊲ 울릉도 독도강치 가족 일러스트

박이물범은 천연기념물 제331호로 지정되어 있다.

　반구대 암각화에는 물개, 물범, 바다사자로 해석할 수 있는 그림이 한 점 있다. 뭍짐승이 주로 새겨지고 고래는 드물게 형상된 바위 오른쪽 화면이 다시 둘로 나뉘는 아래쪽에 꼬리를 아래로 하고 머리는 위쪽으로 한 짐승 한 마리가 있는데, 다른 고래와 달리 가슴지느러미와 꼬리의 크기와 비교하면 몸통이 작은 편이다. 울산대학교의 정밀실측보고에는 고래목으로 분류되었지만,[42] 혹, 이 그림이 바다사자나 물개 같은 기각류의 바다 동물을 나타낸 건 아닐까? 한반도 동남해안 신석기시대 패총에서 고래 뼈와 함께 바다 동물들의 뼈가 발견되고, 일본 조몬시대의 패총에서도 바다사자 뼈가 확인되는 것으로 보아 신석기시대에 반구대 바위에 고래를 새긴 사람들도 동해 연안에 살거나 모습을 보이던 바다사자나 점박이물범, 북방물개를 잡았을 가능성이 크기 때문이다.

17

◎

거대한 상어

반구대 바위의 거대한 상어 가까운 곳에는 범고래로 보이는 고래 한 마리가 새겨졌다. 그 위로는 세 마리의 북방긴수염고래가 헤엄친다. 포식자와 피식자의 관계를 고려할 때, 서로 가까운 거리는 아니라고 하더라도 상어와 수염고래, 범고래 사이에는 긴장감 이 흘렀을지도 모르겠다.

:

반구대 바위에는 고래만큼이나 큰 상어가 한 마리 새겨졌다. 상어의 생김에 너무 가까워 보는 이는 고래 사이에 웬 상어? 하고 의문 부호를 던질 만하다. 다른 고래 그림과 비교하면 크기도 만만치 않은 상어가 몸통과 꼬리를 좌우로 흔들며 헤엄치는 듯이 보이니, 볼 때마다 감탄사를 아끼기 어렵다.

한반도 둘레의 바다 환경을 고려하면 반구대 바위에 새겨진 상어와 같은 크기의 것은 찾기가 쉽지 않다. 바위에 남겨진 상어처럼 꼬리의 좌우 갈래 크기가 비슷한 것은 더 찾기 어렵다. 세계 바다에 사는 대부분 상어는 꼬리의 좌우 갈래 크기가 다르다.

사실 어류의 일종인 상어는 꼬리가 위아래로 펼쳐졌으므로 꼬리의 좌우 갈래라는 말을 쓰는 것은 적절치 않다. 하지만 암각화로 새겨진 형상에서는 고래의 그것과 크게 다르지 않으므로 편의상 사용하였다. 눈길을 끄는 것은 수백 종류를 헤아리는 상어 가운데 물고기처럼 꼬리 위아래, 혹은 좌우가 대칭을 이룰 정도로 균형 잡힌 것은 백상아리와 청상아리 같은 대형 상어 한두 종뿐이라는 사실이다.

백상아리는 암컷이 6m 전후까지 자라고 몸무게는 1톤이 훌쩍 넘는데, 개체에 따라서는 길이 7m, 무게 2.5t짜리도 확인되었다고 한다. 수명은 70년 이상이다. 한반도의 남해안과 서해안은 백상아리의 생활권이고 최근의 수온 상승으로 동해안에서도 백상아리가 자주 관찰된다. 뉴질랜드 주변처럼 비교적 차가운 수역에서도 번식하는 것을 보면 한반도 둘레의 바다 대부분 수역이 백상아리가 살기 적절한 곳이라고 할 수 있다.[43]

청상아리는 보통 3~4m 길이로 자라고 몸무게는 500kg 이하인 것이 대부분이다. 힘이 세고 빠르지만, 백상아리에 비할 바는 못 된다. 한국에서는 청상아리가 청새리상어로 불린다. 청상아리 역시 한반도 둘레의 바다에서 자주 발견된다. 주된 먹이는 고등어나 다랑어, 오징어, 작은 돌고래와 바다거북 같은 것이다. 청상아리는 크기가 작아 중대형 해양 포유류는 사냥하지 못한다. 이런 사실을 고려하면 반구대 바위에 새겨진 상어는 백상아리일 가능성이 크다.

백상아리의 성체는 몸이 통통하지만, 반구대 바위에 새겨진 거대 상어는 몸 전체가 늘씬한 편이다. 상어나 고래 종류를 구분할 때, 먼저 살펴보는 것이 꼬리라는 사실을 고려하면, 반구대 바위의 상어는 백상아리 정도로 보는 게 적절할 듯하다.

성체 백상아리가 선호하는 먹이는 바다 포유류인 물개나 물범이다. 백상아리도 죽은 고래가 있으면 적극적으로 달려든다.

㊳ 반구대 암각화 실측도: 상어
㊴ 반구대 암각화: 상어

이런 점을 고려하면, 반구대 바위에 고래와 함께 상어가 등장하는 것도 그리 이상한 일은 아니다. 실제 성체로 자라기 전부터 백상아리는 물개 외에 크기가 작은 돌고래나 쇠돌고래를 사냥한다. 성체가 된 뒤에는 혹등고래나 참고래의 새끼를 잡아먹거나 바다표범, 코끼리물범 같은 것을 먹이로 삼는다.

다 자란 백상아리는 어지간한 크기의 고래도 사냥하려 들지만, 범고래는 어쩌지 못한다. 오히려 무리 생활을 하는 범고래가 대형 백상아리를 사냥하는 일이 잦다. 반구대 바위의 거대한 상어 가까운 곳에는 범고래로 보이는 고래 한 마리가 새겨졌다. 그 위로는 세 마리의 북방긴수염고래가 헤엄친다. 포식자와 피식자의 관계를 고려할 때, 서로 가까운 거리는 아니라고 하더라도 상어와 수염고래, 범고래 사이에는 긴장감이 흘렀을지도 모르겠다.

18

◎

거북

반구대 바위에 새겨진 거북에는 어떤 관념이 투사되었을까? 해마다 일정한 시기에 해변으로 올라와 수만 개의 알을 남기고 가거나, 제 몸을 먹거리로 주는 바다거북이 만물에 생명을 주는 신의 사자로 인식되었기 때문일까? 아니면, 불사와 무적이라는 통시대적 이미지를 이때 이미 사람들에게 각인시켰기 때문일까?

．．
．

예나 지금이나 거북은 장수의 상징이다. 오래 산다는 십장생(十
長生)의 하나로 장수를 꿈꾸는 사람들의 애정 어린 시선을 받는
게 거북이다. 종류에 따라 다르지만, 거북 가운데에는 백 년 이상
사는 것도 있다. 코끼리거북의 수명은 150년이고, 기록으로 남은
가장 오래 산 거북의 나이는 255살이다.

　　반구대 바위에는 세 마리의 바다거북이 삼각형을 이루며 헤
엄치는 장면이 새겨졌다. 소리를 지르는 사람 곁의 이 거북들이
사람과 함께 새겨졌는지 따로 새겨졌는지는 알 수 없다. 현재 완
성된 암각 상태의 이 거북들은 아래 새겨진 거대한 고래들과 어
우러져 높은 절벽에서 내려다본 낭만적인 바다 풍경의 일부가 되
어 있다.

　　장수하는 생명으로 알려진 까닭에 거북은 고대 회화와 공예
의 제재로 자주 선택되었다. 더욱이 뚫리지 않는 방패 같이 여겨
진 등딱지는 거북에 무신(武神) 이미지를 덧입혀 거북을 신화와
전설의 주인공, 혹은 조연으로 등장시키는 데에 일조하였다. 거
북이 불사(不死)이자 무적의 장수로 그려지게 된 것이다.

　　이와 같은 이미지에서 만들어진 거북 이야기는 중국의 신화

⓵ 반구대 암각화: 사람과 바다거북(3D 화면)
⓶ 반구대 암각화: 사람과 바다거북

전설에서도 찾아볼 수 있다. 어느 날 하늘이 무너지고 땅이 꺼지자 창조의 여신 여와는 하늘 구멍은 오색돌로 메우고, 꺼진 땅은 거대한 거북의 네 다리를 잘라 받치게 했다고 한다.[44]

상제가 열다섯 마리의 자라에게 떠다니는 동해 다섯 선산을 떠받치게 했는데, 용백국의 거인이 발해에 낚시를 와 여섯 마리를 낚아 제 나라로 돌아가 버렸다고 한다.[45] 결국, 받쳐 주는 자라가 없어진 대여와 원교라는 두 선산은 북쪽으로 흘러가 큰 바다 아래 가라앉았다고 한다.

불사의 무신인 거북이라는 이미지는 오행(五行)신앙에서 비롯된 오신수(五神獸)의 하나, 현무(玄武)를 출현시키는 원인으로 작용하기도 했다. 우주 북방을 지키는 신수인 현무의 처음 모습은 거북이다.[46] 여기에 음양론적 관념이 더해지며 만들어진 형상이 거북과 뱀이 몸을 얽으며 교미하는 모습이다. 거북과 뱀의 교미 형상은 흐트러진 우주 질서의 회복을 의미하는데, 거북에 대한 인식을 신화화하면서 이런 관념과 형상화가 이루어진 셈이다.

장수하는 거북의 배딱지가 중국 상대(商代)에 국가적 차원의 제의와 점복(占卜) 결과를 문자로 새겨 두는 재료로 사용된 것도 단순히 글자 새기기 적절한 캔버스를 제공해주어서가 아니라, 장수와 무신의 상징으로서의 거북에 대한 신화적인 인식이 작용했기 때문으로 보아야 할 것이다.

반구대 바위에 새겨진 거북에는 어떤 관념이 투사되었을까?
해마다 일정한 시기에 해변으로 올라와 수만 개의 알을 남기고
가거나, 제 몸을 먹거리로 주는 바다거북이 만물에 생명을 주는
신의 사자로 인식되었기 때문일까? 아니면, 불사와 무적이라는
통시대적 이미지를 이때 이미 사람들에게 각인시켰기 때문일까?

㊷ 청동거북(중국 돈황시박물관)

19

◎

가마우지

반구대 바위에 모습을 드러낸 새 두 마리는 가운데 고래의 크기와 비교해도 새치고는
몸집이 크고 날개도 튼튼하다. 커다란 물고기를 사냥하는 데에 최적화된 물새임을 한
눈에 알아볼 수 있다. 이 새들이 정말 바다가마우지일까, 아니면 지금은 기억에서조차
사라진, 오래전 한반도 울산 앞바다를 고향으로 삼던 바닷새의 한 종류일까?

창을 던지거나 화살을 쏘아 짐승을 맞추는 것만 사냥이 아니다. 덫을 놓거나 함정을 파 붙잡기도 하고, 그물을 걸어 두거나 던져 짐승이 걸리게 만들기도 한다. 어떤 수단을 쓰던 짐승을 손안에 넣기만 한다면 그걸로 사냥은 성공했다고 할 수 있다.

짐승으로 짐승을 잡게 하는 것도 아주 오래된 사냥 기술 가운데 하나이다. 개를 잘 훈련하면, 토끼나 작은 돼지를 잡을 수 있고, 어린 매를 붙잡아 키우며 훈련하면, 꿩이나 오리를 비롯해 크고 작은 새를 잡는 게 쉽다.[47] 새나 토끼를 화살로 맞추어 잡기 여간 어려운 걸 고려하면, 잘 기른 개나 매를 사냥에 쓰는 건 대단히 효율적인 방법이라고 할 수 있다.

반구대 암각화 바위에는 몸이 통통한 고래의 좌우에서 날개를 편 채 헤엄쳐 앞으로 나가는 듯이 보이는 새 두 마리가 새겨졌다. 실제 이 물새들이 거대한 고래 좌우에서 헤엄치는지는 알 수 없으나, 새의 모습으로 보아 사냥에 나섰다는 사실은 쉽게 알아차릴 수 있다. 두 마리의 물새 가운데 오른쪽 새의 부리에는 상당히 큰 물고기가 물려 있기 때문이다. 바다를 무대로 먹이 사냥에 나선 듯이 보이는 이 새들의 정체는 뭘까?

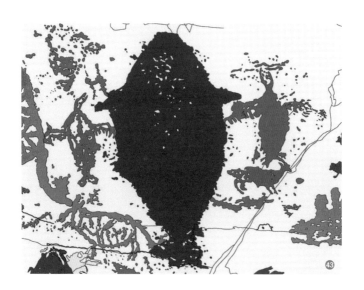

㊸ 반구대 암각화 실측도: 가마우지와 고래
㊹ 반구대 암각화: 가마우지와 고래

어떤 이는 이 새가 펭귄이라고 한다. 바다에서 고래 좌우에 모습을 드러낼 수 있는 건 펭귄밖에 없다고 본 것이다. 그러나 이 새들이 펭귄이려면, 신석기시대의 한반도, 특히 울산을 비롯한 남부지역의 기후가 펭귄이 살기에 적합해야 하고, 뭍에서는 뒤뚱거리며 걷는 펭귄을 먹이로 삼는 육식동물이 없거나, 찾아보기 힘들어야 한다.

안타깝게도 한반도 일대의 기후와 식생은 이런 조건에 부합하지 않는다. 일 년 대부분 기간 얼어 있는 북극해 일대에 펭귄이 살지 않는 것도 북극여우를 비롯해 펭귄을 먹이로 삼을 수 있는 육식동물이 근처에 많이 살기 때문이다. 펭귄의 공통 조상에 해당하는 바다쇠오리의 날개가 퇴화하지 않은 것도 북극해 일대의 식생이 펭귄처럼 살기에 적합하지 않아서다.

비교적 기후가 온난하고 여름철 습도가 상당히 높은 편인 한반도 일대 바다 환경에 잘 적응할 수 있고, 고래가 나타났을 때도 바다에서 물고기 사냥이 가능한 새가 있다면 어떤 종류일까? 바위에 새겨진 새의 모습만으로 정체를 논하기는 쉽지 않지만, 갈매기 종류일 가능성은 그리 커 보이지 않는다. 몸집도 상당히 크고 한순간 바다로 뛰어들어 부리로 물고기를 낚아챌 정도는 되어야 하지만, 한반도 바다에서 그런 후보를 찾아내기는 쉽지 않다.

몸길이만 80cm 이상인 가마우지는 물 위에서 헤엄치다 물속으로 잠수하여 물고기를 낚아챌 수 있는 새다. 몸집도 크고 날개도 긴 편인 가마우지는 상당히 큰 물고기도 사냥할 수 있어 어부들이 길들여 물고기 사냥에 쓰기도 한다.[48] 목을 적당한 정도로 묶어 사냥한 물고기를 삼킬 수 없게 만들어 바다나 강, 호수에 내보내는 것이다. 사냥한 물고기를 통째로 삼키는 물새의 습성을 활용한 사냥법인 셈이다.

반구대 바위에 모습을 드러낸 새 두 마리는 가운데 고래의 크기와 비교해도 새치고는 몸집이 크고 날개도 튼튼하다. 커다란 물고기를 사냥하는 데에 최적화된 물새임을 한눈에 알아볼 수 있다. 이 새들이 정말 바다가마우지일까, 아니면 지금은 기억에서조차 사라진, 오래진 한반도 울산 앞바다를 고향으로 삼던 바닷새의 한 종류일까?

20

◎

작별, 바다를 떠나다

물러난 바다 가까운 곳으로 마을을 옮기고 한동안 고래잡이를 계속했는지, 아니면 새로 온 사람들과 함께 물짐승 사냥이나 농사로 생업을 바꾸었는지, 이도 아니면 스스로 고래잡이를 포기하고 물짐승 사냥을 하는 사람들이 되었는지. 진실은 여전히 미스터리로 남아 있지만, 이들에게 반구대 암각화 바위가 더는 성스러운 공간으로 남지 않게 된 것은 확실하다.

:

'언제부턴가 고래를 만나기 어려워졌다. 아니다. 마을과 바다 사이가 멀어졌다. 어느새 바다가 저 멀리 물러나고 그들이 살던 마을은 강이 더 가까운 곳이 되었다. 바다가 멀어지면, 당연히 고래를 만나러 가는 길도 멀어진다. 강변에서 배를 타고 내려가도 고래를 만날 수 있는 바다 한가운데까지 가려면 오랜 시간이 걸린다. 노 젓고 가려면 힘도 든다.'

울산만 깊숙이 들어왔던 바다가 물러나고 태화강 물길이 길어지기 시작한 게 언제부터인지는 아무도 모른다. 신식기시대 후기의 어느 시점부터일 수도 있고, 신석기시대에 이어 청동기시대가 열린 때부터일 수도 있다. 세계의 다른 지역에서 일어난 대홍수나 큰 가뭄, 긴 혹한기의 사례를 종합해보면 신석기시대 후기에 농경이 본격화된 것도 소빙하기로 불리는 추위로 빙하가 확대되고 바다가 육지에서 물러나는 현상을 겪은 뒤, 다시 온난해질 즈음이다.[49] 그러나 이도 지역에 따라 차이를 보이므로 한반도 일대에서 바다가 물러나는 시기를 알아내는 일은 여전히 해결해야 할 과제로 남아 있다.

반구대 바위에 고래를 새긴 사람들은 바다를 생업의 터전으로 삼고 살아가던 이들이다. 때마다 울산 앞바다로 돌아오는 고래를 기다리고, 첫 고래잡이에 성공한 날엔 바닷가 언덕배기에 지어 놓은 고래사당에 올라가 고래 꼬리를 제물로 바치고 감사의 기도를 올리던 사람들이다. 적어도 천년 가까이, 아니면 그보다 긴 세월 고래잡이로 생계를 이으며 반구대 바위에 고래 그림을 새기던 이들이 언제부턴가 반구대를 찾지 않게 되었다. 더는 고래잡이를 하지 않게 되었기 때문이다. 무슨 일이 있었던 것일까?

첫 번째 가능성은 고래잡이 마을에서 바다가 멀어진 일이다. 한두 해 사이에 일어난 현상은 아니지만, 소빙하기가 닥치면서 북극해 주변의 얼음세계가 넓어지고 이로 말미암아 바다는 조금씩 수위가 낮아지면서 예전에는 해변이었던 곳이 마른 땅이 되는 현상이 일어나는 것이다. 바다가 멀어지면 당연히 강이 길어지고 강변이 넓어진다. 마을을 멀어진 바다 쪽으로 옮기지 않는 한 더는 바닷사람으로, 고래잡이로 생계를 잇기 어려워지는 것이다.

두 번째 가능성은 마을에서 바다가 멀어지는 동시에 뭍짐승을 사냥하거나, 농사를 생계 수단으로 삼는 사람들이 외부에서 울산 태화강 일대로 이주해오는 일이다. 이런 사람들의 무리가 크고 힘도 강력하다면 기존의 고래잡이 마을 사람들은 이들과

㊺ 반구대 암각화 실측도: 고래
㊻ 반구대 암각화: 고래

함께 살 방법을 찾거나, 이들과 생활권을 공유하지 않는 곳으로 옮겨가는 수밖에 없다. 생활권을 공유하려면 새로 온 사람들과 생계 방식도 공유해야 할 수 있다. 그러려면 고래잡이는 포기해야만 한다.

실제 고래잡이 마을 사람들에게 어떤 일이 일어났는지는 아무도 모른다. 물러난 바다 가까운 곳으로 마을을 옮기고 한동안 고래잡이를 계속했는지, 아니면 새로 온 사람들과 함께 뭍짐승 사냥이나 농사로 생업을 바꾸었는지, 이도 아니면 스스로 고래잡이를 포기하고 뭍짐승 사냥을 하는 사람들이 되었는지. 진실은 여전히 미스터리로 남아 있지만, 이들에게 반구대 암각화 바위가 더는 성스러운 공간으로 남지 않게 된 것은 확실하다.

바
다

바다다
마냥 바라보게 하는
바다다

바다다
열고 나가게 하는
너머를 꿈꾸게 하는
바다다

바다다
온갖 산 것으로 가득한
바다다

바다다
별 세계의 생명들을
내 삶 깊이 넣어주는
바다다

삶

반짝였다. 생명이
맑고 아름답게 빛났다
기운이 힘 있게 뻗어 나오는 걸
모두 보았다

빛이 스러지는 게
그림자 짙어지는 게
깊이 가라앉고 있는 걸
누구나 알았다

남은 건
추억이다
조용히 내려앉는
눈꺼풀이다

생명의 고향

생명의 고향은 바다다
반구대의 고래는
뭍의 생명이 꿈에도 그리던
바다로
되돌아간 순간을 떠올리게 한다
바닷가 절벽 위에서
거친 파도로 뛰어든
나와 만나게 한다

바다사자는 다시 뭍으로 오르고
해달은 바다에서 하루를 보낸다
나는 늘
뭍과 바다 사이에
있었다
모래에 얼굴을
그리고
파도에 씻겨 나가는
발자국에
눈을 맞추며 난
보일 듯 말 듯 미소 지었다

생명의 고향은 바다다
반구대의 고래 곁에
내 입김이
서려 있다

고래
잠

서서 자고, 누워 자고
자면서 깨고, 깬 채 자고
어미는 깨고, 새끼는 자고
모두 잠 드는 날도
다 깨어 있는 순간도
살기 위해서면
그저
살기 위해서면

다
시

물
으
로

1

◎

네 번째 새김

청동기시대, 혹은 신석기시대 말까지는 신이 호랑이나 표범 같은 본래 모습 그대로 바위에 새겨지고 숭배되었을 수 있는 것이다. 반구대 바위에 마지막 새김을 시도한 사람들은 신으로서 숭배된 맹수들을 바위에 새기고 갈아 모습이 더 뚜렷하게 드러나게 하면서 마을을 보호하고, 사냥에 성공하며, 농사가 잘되기를 빌었을 수 있다.

:

반구대 바위에 더는 고래가 새겨지지 않게 된 지 오랜 시간이 흐른 뒤, 새로운 기법으로 새로운 물상을 바위에 새기려는 사람들이 대곡천 곁 기암절벽 앞에 왔다. 이들이 어디서 왔는지는 알 수 없으나, 뭍짐승의 사냥으로 살아가거나, 사냥과 채집에 힘쓰면서 부분적으로나마 농경을 시도하던 무리였을 수 있다. 눈길을 끄는 건 새로 반구대에 암각을 한 사람들이 선택한 제재가 대부분 맹수라는 사실이다. 이미 고래와 짐승들로 가득한 바위에 맹수를 주로 새긴 건 왜인까?

새롭게 반구대를 찾은 이들이 쪼아 새기고 깊게 갈아 완성한 새로운 암각의 제재들이 대부분 맹수인 것은 이들에겐 이런 짐승들이 경외의 대상이었기 때문일 것이다. 왜 이들은 맹수를 경외한 것일까? 맹수를 새긴 뒤 열심히 선과 무늬를 갈아 더 뚜렷이 보이게 한 이유는 무엇일까?

암각에서 갈기는 의례 중의 기도와 관련이 깊다. 갈기는 돌에 새긴 걸 잘 보이게 하면서 마음에 담은 간절한 소원을 신, 혹은 신성한 힘과 능력을 지닌 이에게 전하는 행위이다.[1] 새로 온 이들, 반구대 바위에 맹수를 새긴 사람들이 기도한 대상은 누구이고, 빌던 내용은 무엇이었을까?

종교학이나 민속학에서 유심히 주의 깊게 살펴보는 것 가운데 하나는 희생으로 쓰인 제물과 신의 관계, 혹은 경외의 대상에 투사된 신의 모습, 혹은 정체다. 실제 희생 제물이 신과 같거나, 경외의 대상이 신의 현현(顯現)인 경우가 많은데, 오랜 세월이 흐르면서 둘이 같은 존재라는 사실을 잊고 둘을 구분하여 인식한다. 결국 이 과정에서 해당 민속이나 신앙의 원형은 잊히기 마련이다.

고구려 덕흥리벽화분에 보이는 견우와 직녀 그림에서 소를 끌고 가는 견우의 본래 모습은 희생 제물로 쓰는 소다.[2] 언제부턴가 신이 자신을 드러내는 수단이기도 했던 소는 희생 제물로만 인식되고, 신은 사람의 모습으로만 그려지게 된 결과가 소를 끄는 목동, 곧 견우다. 자신을 희생 제물로 주는 신에 대한 인식이나 이를 모두가 공유할 수 있는 이야기로 정리한 신화, 전설은 유럽과 중근동, 인도, 동아시아에 널리 퍼져 있다.

동예 사람들이 산신으로 숭배하던 호랑이가 노인과 함께 등장한 산신도 역시 신이 호랑이로 자신을 드러내다 언제부턴가 사람의 모습으로만 그려지게 되면서 등장한 새로운 유형의 종교화이다. 수염이 허연 노인과 호랑이는 본래 하나였지만, 오랜 세월이 흐르면서 원형이 잊히고 서로 다른 존재처럼 둘이 한 화면에 그려지게 된 것이다.

반구대 암각화의 마지막을 장식하는 맹수 그림은 이런 종교와 신앙, 민속의 원형을 보여주는 매우 귀중한 사례일 수 있다. 청동기시대, 혹은 신석기시대 말까지는 신이 호랑이나 표범 같은 본래 모습 그대로 바위에 새겨지고 숭배되었을 수 있는 것이다. 반구대 바위에 마지막 새김을 시도한 사람들은 신으로서 숭배된 맹수들을 바위에 새기고 갈아 모습이 더 뚜렷하게 드러나게 하면서 마을을 보호하고, 사냥에 성공하며, 농사가 잘되기를 빌었을 수 있다.

청동기시대 언덕 위에 마을을 짓고, 둘레에 목책을 세운 뒤, 바깥에 깊은 도랑을 판 목적이 다른 마을 사람들의 침입을 경계해서가 아니라 맹수의 행패를 막기 위해서라는 견해에 많은 이들이 동의하는 걸 보면, 반구대 바위에 마지막 새김을 시도한 사람들이 맹수를 신으로 섬기고 숭배한 이유를 미루어 짐작할 수도 있다. 마을을 이루고 농사를 짓기 시작한 뒤, 사람들이 가장 두려워했던 대상은 맹수였을 것이기 때문이다.

신석기시대 후기와 청동기시대의 농경지 확대가 숲과 들판의 짐승들에게는 서식지 파괴다. 특히 세력권이 명확히 나누어졌던 맹수들의 경우, 서식지 침범은 생태계 최상위 존재들에게는 세력권을 부정하고 패권에 도전하는 것이나 다름없다. 맹수의 반격,

0   0.5   1m

❶ 반구대 암각화 주암면 실측도: 네 번째 새김

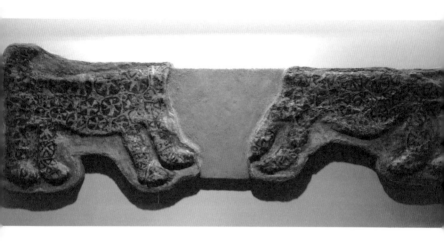

혹은 맹수로부터의 공격을 몇 번 경험하면 사람들은 맹수로부터 피해를 보지 않으려고 적극적으로 나서게 마련이다. 결국, 한쪽에서는 맹수 사냥을 시도하고 다른 한쪽에서는 맹수 달래기에 힘쓰게 된다. 마을 사람들이 맹수 달래기의 방법 가운데 하나로 택한 것이 경외의 표시로 호랑이와 표범을 암각화로 형상화하면서 기도하는 게 아니었을까?

❷ 마을 집 벽의 표범 그림(신석기시대, 터키 차탈휘윅)

2

◎

쪼아 새기고 갈기

세계 곳곳에 남아 있는 암각화와 암채화 가운데에는 수천 년, 혹은 만 년 넘게 새기고
그리는 작업이 이루어진 곳이 적지 않다. 쪼기나 긋기로 새긴 암각화 물상들을 하나,
하나 뜯어보면 선을 내고 갈아내기를 한 것도 의외로 많다. 실제 암각화 물상의 선이나
무늬 갈아내기는 세대에서 세대로 이어지고, 심지어는 바위 신앙을 공유하는 한 무리
에서 다른 무리로 이어졌을 수도 있다.

바위에 그림을 새겨 남기는 방법은 두 가지다. 하나는 쪼기다. 바위 면보다 경도가 높은 돌을 손에 쥐고 뾰족한 부분으로 쪼는 것이다. 머리에 담은 형상대로 계속 쪼아 나가다 보면 선이 생기고 면이 만들어진다. 물론 이 방법으로 물상의 세부까지 표현해내기는 어렵다. 천전리 각석의 초기 암각의 사례와 같이 비교적 얕게 쪼아 물상의 외관만 간단히 나타낼 수도 있고, 반구대 암각화의 초기 작품처럼 선의 형태로 물상을 표현해낼 수도 있다.

다른 하나는 긋기다. 경도가 높은 돌의 뾰족한 부분을 바위에 대고 몇 번이고 선을 그어 표현 대상을 형상화한다. 그러나 이 방법은 암각화가 오래 유지되기 어렵게 한다. 물론 대단히 경도가 높은 돌로 긋고, 또 그어 선을 깊게 하면 오랜 시간 암각화를 남을 수 있게 하겠지만, 계속되는 풍우를 견뎌내기는 어렵다.

사실 쪼는 방식으로 만든 암각화도 무한정 오랜 시간을 버텨낼 수는 없다. 때마다 비와 눈은 내리고 바람 역시 그치지 않고 불기 때문이다. 게다가 암질이 특별하게 굳고 단단하지 않다면, 내리쬐는 빛과 달라붙는 이끼를 무한정 이겨낼 수는 없다. 그럼 어떤 방법으로 암각화를 제작해야 다른 것보다 오래 견뎌낼까?

암각화를 남기는 기본적인 방법은 쪼기와 긋기지만, 실제 오랜 기간 암각 형상을 유지해낸 작품은 쪼기나 긋기에 더해 깊게 갈아내 완성한 것들이다. 본래 갈아내기는 바위에 암각을 시도한 사람들이 사용한 새김 기법이 아니다. 새김 이후에 가해진 종교적 행위, 신앙적 열정의 과정이자 결과이다.[3]

사람이 바위에 그림을 그리거나 새기는 이유는 바위가 캔버스로 유용해서이기보다는 신앙의 대상이기 때문이다.[4] 바위에 형상을 남기면서 사람들은 소망을 풀어낸다. 바위에 신의 능력이 내렸다거나, 바위가 신의 몸을 대신한다는 생각이 없다면 굳이 바위에 생채기를 내고, 바위를 끌어안고 몸을 비비는 행위를할 필요가 없다.[5] 실제 바위를 신앙 대상으로 여기지 않는 사람들은 바위 앞에서 기도하거나, 바위에 절하지 않는다.

반구대 암각화에 고래를 새기거나, 맹수 형상을 남긴 사람들과 그의 무리는 일단 새기려는 물상의 형상이 드러나게 한 뒤, 윤곽선이나 무늬를 오랜 기간 갈아내며 선이 굵고 깊어지게 했을 것이다. 한 사람이 아니라 여러 사람이 이런 작업에 참여했을 것이 틀림없다. 이런 갈아내기는 여러 세대에 걸쳐 계속되었을 가능성도 크다. 반구대 후기 암각화 물상의 선이나 면을 갈아낸 이들은 이런 행위를 하면서 암각 작업의 효과가 실제 나타나리라 믿었을 것이다. 자신들의 간절한 소망이 신에게 전달되고 있다는

❸ 반구대 암각화: 깊게 갈아 새긴 호랑이

믿음으로 갈아내기에 더 매달렸을지도 모른다.

세계 곳곳에 남아 있는 암각화와 암채화 가운데에는 수천 년, 혹은 만 년 넘게 새기고 그리는 작업이 이루어진 곳이 적지 않다. 쪼기나 긋기로 새긴 암각화 물상들을 하나, 하나 뜯어보면 선을 내고 갈아내기를 한 것도 의외로 많다. 실제 암각화 물상의 선이나 무늬 갈아내기는 세대에서 세대로 이어지고, 심지어는 바위 신앙을 공유하는 한 무리에서 다른 무리로 이어졌을 수도 있다. 지금도 세계의 어느 곳에선가 암각화가 새겨지고 있다면 그 바탕이 되는 건 선사시대부터 연면히 내려온 바위신앙일 수밖에 없다.

3

◎

가면인가, 얼굴인가?

반구대 바위에 새겨진 사람 얼굴은 가면일까, 신의 얼굴일까? 가면이라면 신의 눈길
을 피하기 위한 용도일 거고, 신의 얼굴이라면 눈을 감은 상태일 것이다. 어떤 경우이
건 이 얼굴이 반구대 바위를 찾아온 사람들의 얼굴을 모델로 삼아 새겨졌다는 사실
은 변함이 없을 것이다.

가면은 쓴 사람의 정체를 감추기 위해서 쓴다. 가면으로 정체성을 바꾸기도 한다. 가면이 자신을 다른 존재가 되게 하는 역할도 하는 것이다. 반구대 암각화 바위에 새겨진 사람 얼굴은 가면일까, 사람 얼굴일까?[6]

역삼각형을 이루는 반구대 바위의 사람 얼굴은 눈, 코, 입이 뚜렷하다. 눈썹까지 잘 나타낸 점에서 반구대 바위에 새겨진 다른 사람 모습과는 다르다. 반구대 바위의 사람들은 대부분 전신상이다. 소리를 지르는 듯이 보이는 사람이나, 손가락과 발가락이 과장된 사람, 긴 막대 모양의 피리를 두 손으로 받쳐 든 사람을 포함하여 화살을 쏘려 하거나 한쪽 손을 허리에 댄 사람들은 모두 윤곽만 나타낸 경우이다.

비교적 깊고 뚜렷한 선으로 형상화된 반구대 바위의 사람 얼굴은 흔히 같은 대곡천변의 천전리 각석 사람 얼굴과 나란히 거론된다. 천전리 각석에 새겨진 사람 얼굴에도 눈, 코, 입이 모두 표현되었지만, 턱 선이 부드럽게 흘러 반구대 바위 사람 얼굴처럼 외관이 역삼각형을 이루지는 않는다.

한국의 신석기시대나 청동기시대 유물에 사람 얼굴이 표현

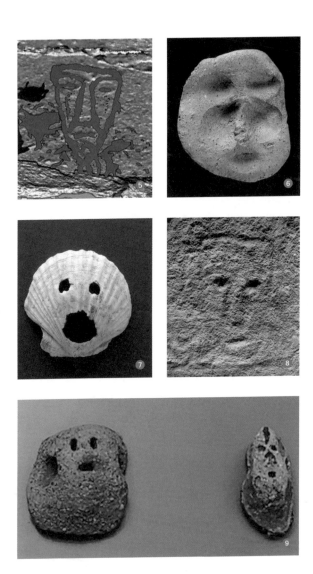

❺ 반구대 암각화: 사람 얼굴

❻ 토제 사람 얼굴(신석기시대, 양양 오산리유적 출토, 서울대박물관)

❼ 사람 얼굴 표현 가리비 껍데기(신석기시대, 부산 동삼동 패총 출토, 국립중앙박물관)

❽ 천전리 각석 암각화: 사람 얼굴

❾ 사람 얼굴 표현 토기 조각(신석기시대, 울진 죽변유적 출토, 국립중앙박물관)

된 사례는 손가락에 꼽을 정도로 적다. 양양 오산리 신석기시대 유적에서 발견, 수습된 토제 인면상은 작은 흙덩어리에 손가락을 대 눈, 코, 입을 나타낸 경우인데, 턱 선을 둥글게 처리해 얼굴 전체가 둥근 감을 준다. 부산 동삼동패총에서 출토된 가리비 조개껍데기 인면상의 경우, 구멍 세 개를 뚫어 두 눈과 입을 나타냈다. 울진 죽변 신석기시대 유적에서 출토된 토기 조각에도 사람 얼굴이 표현되었는데, 동삼동패총 가리비 조개껍데기의 사례와 같이 눈과 입만 나타냈다. 웅기 굴포 서포항유적 출토 골제 도구에도 눈과 입만 표현된 사람 얼굴이 묘사되었다.

여러 유형의 신석기시대 인면상 가운데 반구대 바위의 사람 얼굴은 턱 선을 뾰족하게 처리한 역삼각형이라는 점에서 다른 얼굴 형상과 차이를 보인다. 천전리 각석의 사람 얼굴을 비롯해 다른 얼굴 형상이 실제 사람의 모습을 모델로 삼아 그대로 재현하려 한 듯이 보이는 것과 달리 반구대 바위의 사람 얼굴은 사람 얼굴을 본으로 삼았다고 하더라도 과장과 변형이 많이 이루어진 사례로 볼 수 있다.

선사시대 및 고대의 종교와 신앙을 연구하는 이들은 가면이 목숨을 지키려고 고래의 영, 혹은 신의 눈길로부터 자신을 감추기 위한 용도로 쓰였다고 보기도 한다.[7] 사람들 사이에는 신과 만나는 제의나 축제 중에 신의 눈길과 마주치는 이는 그 자리에서 죽을 수 있다는 생각이 퍼져 있었으므로 가면을 쓴 채 종교적 행사에 참여했다는 것이다. 고대의 신전에 봉안된 신상이 눈을 감고 있거나, 아예 눈이 표현되지 않은 사례가 있는 것도 '신의 눈'을 두려워했기 때문으로 해석하기도 한다.

그렇다면 반구대 바위에 새겨진 사람 얼굴은 가면일까, 신의 얼굴일까? 가면이라면 신의 눈길을 피하기 위한 용도일 거고, 신의 얼굴이라면 눈을 감은 상태일 것이다. 어떤 경우이건 이 얼굴이 반구대 바위를 찾아온 사람들의 얼굴을 모델로 삼아 새겨졌다는 사실은 변함이 없을 것이다.

4

◎

호랑이

호랑이를 산신으로도 숭배했던 한국에는 호랑이와 관련된 옛이야기가 많이 전한다. 호랑이를 주인공으로 한 속담도 여럿 남아 아직도 사람들의 입에 오르내릴 정도로 호랑이는 한국인에게 친숙한 짐승이다. 생태계의 최강자로 맹수 중의 맹수라는 사실을 고려하면 서울올림픽과 평창올림픽의 마스코트로 삼을 정도로 호랑이를 친구처럼 가깝게 여기는 한국인의 심성은 특이하다고 할 수도 있다.

호랑이는 한국사의 첫 장면에 등장하는 동물이다. 고조선의 시조 단군은 하늘에서 내려온 신 환웅과 곰이 변신한 사람 웅녀 사이에서 났는데, 곰이 사람이 되기 위해 들어가 머물렀던 동굴에 같이 있던 짐승이 호랑이다.[8] 잘 알려진 것처럼 호랑이는 동굴 생활을 참지 못하고 뛰쳐나와 제 살던 곳으로 갔다.

만주와 한반도 생태계의 정점에 있던 호랑이는 산신으로 숭배된 짐승이다. 고대 동예 사람들은 실제 호랑이를 신으로 섬기고, 위하여 제사를 지냈다. 호랑이를 산신으로 섬기는 민속은 20세기 초까지도 민간에 광범위하게 남아 있었다. 불교 사원의 산신각에 봉안된 그림에 호랑이는 수염이 허연 산신 할아버지를 지키는 존재로 그려졌지만, 사실 산신 할아버지의 본체는 호랑이다.

반구대 바위에는 호랑이와 표범이 여럿 새겨졌다. 반구대 바위에 암각화가 제작되는 마지막 시기 작품의 주제는 맹수이고, 주인공은 호랑이와 표범이다. 어깨 근육이 두드러지고 꼬리를 위로 올린 호랑이와 표범의 몸엔 특유의 줄무늬와 점무늬가 뚜렷이 표현되었다.

반구대 바위 면 곳곳에 깊고 뚜렷한 선으로 새겨진 호랑이와 표범은 대곡천 건너 먼 곳에서도 형상을 읽어낼 수 있다. 반구대 암각화 제작의 마지막 단계를 장식하는 이 호랑이와 표범이 전통 민화에서는 한 종인 것처럼 여겨져 때론 호랑이가, 때론 표범이 까치와 함께 표현된다. 전통사회에서 호랑이와 까치가 한 화면에 등장하는 호작도(虎鵲圖)는 액을 쫓고 복을 불러들이는 부적과 동일시되었다.[9]

시베리아 호랑이, 아무르 호랑이, 만주 호랑이, 백두산 호랑이로도 불리는 한국 호랑이는 호랑이 가운데도 대형 종에 속한다. 커다란 수컷은 몸길이만 4m가 넘고 몸무게는 360kg에 이른다. 사육된 아무르 호랑이 가운데에는 450kg를 기록한 것도 있다. 단독 생활을 하는 호랑이는 먹이가 부족한 시베리아 같은 곳에서는 한 마리의 세력권 3천 평방 킬로에 이르기도 한다. 한국 호랑이의 주식은 멧돼지와 사슴이지만, 너구리나 늑대 같은 동물도 잡아먹었다.

산지가 많은 한반도와 만주 남부 지역에 비교적 많이 서식하던 한국 호랑이는 조선시대에 농지를 확보하기 위해 산간 계곡의 개간이 적극적으로 이루어지는 과정에 서식지를 잃고 사람을 공격하기도 하다가 적극적으로 사냥당하면서 수가 줄어들기 시작했다. 일제강점기에는 호랑이의 피해를 막기 위해서라는 이유로

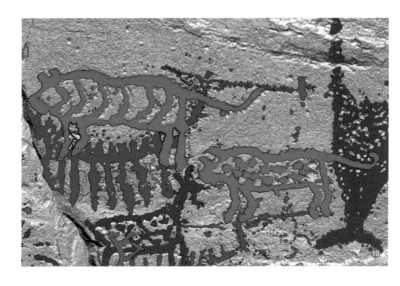

❿ 반구대 암각화 실측도: 호랑이와 표범
⓫ 반구대 암각화: 호랑이와 표범

더욱 적극적으로 사냥이 이루어져 1922년부터 한반도 중남부에서는 살아있는 호랑이가 보고된 사실이 없다.

호랑이를 산신으로도 숭배했던 한국에는 호랑이와 관련된 옛이야기가 많이 전한다. 호랑이를 주인공으로 한 속담도 여럿 남아 아직도 사람들의 입에 오르내릴 정도로 호랑이는 한국인에게 친숙한 짐승이다. 생태계의 최강자로 맹수 중의 맹수라는 사실을 고려하면 서울올림픽과 평창올림픽의 마스코트로 삼을 정도로 호랑이를 친구처럼 가깝게 여기는 한국인의 심성은 특이하다고 할 수도 있다. 반구대 바위에 암각화로 새길 때부터 호랑이를 경외했던 마음이 시대가 내려오면서 가깝고도 친숙한 존재로 여기는 정서의 실마리가 된 것인지도 모르겠다.

5

◎

큰뿔사슴

세계의 다른 지역 암각화에서도 쉽게 찾아볼 수 있는 큰뿔사슴이 반구대와 천전리의 바위에도 새겨졌다는 사실은 큰 뿔에 부여한 상징성이 보편적 관념이었기 때문일 것이다. 지금도 동아시아를 포함한 여러 곳에서는 뿔을 갈아 만든 약재나 음식이 선호된다. 뿔이 상징하는 생식력을 얻고자 하는 선사시대 이래의 주술적 믿음이 지금도 사람들의 뇌리에 그대로 남아 있기 때문이리라.

:

뿔 있는 짐승의 수컷들은 암컷을 누가 차지할지 결정할 때, 뿔싸움을 한다. 대개는 크고 단단한 뿔을 지닌 수컷이 다른 것들을 다 제압하고 말 그대로 왕의 자리에 오른다. 패배한 수컷들은 그때부터 더 열심히 먹고 살찌워 몸을 불리면서 내년 번식기에는 더 크고 단단하게 자란 뿔로 대관식을 치를 수 있기를 꿈꾼다.

선사시대부터 사람들은 뿔을 힘과 생식력의 상징으로 보았다.[10] 뿔 있는 짐승들이 다투는 모습을 보면서, 가장 크고 단단한 뿔을 지닌 수컷이 모든 암컷을 차지하며 왕으로 군림하는 걸 보며 이런 생각을 굳혔을 것이다. 들소의 뿔을 집안 성소의 벽에 장식하고 특별한 장소에는 그림과 함께 여러 개의 뿔을 꽂아둔 것도 이 때문이리라. 터키 차탈휘육 신석기 마을 사람들의 집을 장식한 뿔들은, 뿔을 신성시한 당시 사람들의 관념 세계를 잘 보여주는 좋은 사례이다.

신석기시대에 만들어진 토기 중에는 뿔 모양 손잡이를 덧붙이거나 뿔을 자랑하는 황소를 그려 넣은 것이 많이 보인다. 청동기시대와 철기시대의 뿔 장식 투구도 힘의 상징이던 뿔에 대한 종교적 심성까지 더해진 결과라고 할 수 있다. 전쟁에 뿔나팔이

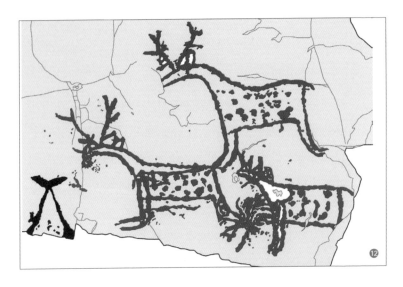

⓬ 반구대 암각화 실측도: 큰뿔사슴
⓭ 천전리 각석: 큰뿔사슴 한 쌍

사용되고 전사들이 뿔 모양 잔에 술을 담아 마신 것도 마찬가지 관념에서 비롯된 행위이다. 사실 뿔 모양 나팔은 후기 구석기시대의 조소 작품에서도 찾아볼 수 있다.

반구대 암각화에는 큰뿔사슴이 여러 마리 등장한다. 세 마리의 큰뿔사슴이 대부분의 물상이 발견되는 주암면이 아닌 따로 떨어진 바위 중 하나에서 발견되었는데, 맹수를 주로 형상화 해내던 쪼아 새기고 갈기 기법으로 제작되었다. 몸에 점무늬가 있는 이 사슴들은 머리에 비해 큰 뿔을 자랑하며 앞으로 나아가고 있다.[11] 하지만 둘레에 꼬리와 몸 아래 일부가 남은 고래 외에 다른 것이 없어 어떤 서사적 장면의 일부인지는 알 수 없다.

거대한 뿔을 지랑히는 사슴은 역사시대의 작품에서도 찾아볼 수 있는데, 대표적인 것이 경주 출토 견갑형 동기에 장식된 사슴 두 마리이다. 나란히 서 있는 사슴 두 마리 가운데 뒤에 있는 것은 몸통에 화살, 혹은 창이 꽂혔는데, 둘 다 몸길이만큼 길게 뻗은 거대한 뿔이 머리에서 뻗어 나왔으며 몸에는 점무늬가 있다. 전사가 몸을 보호하는 데에 사용한 것으로 보이는 이런 도구의 장식문에는 주술적 기원이 담겨 있음을 고려하면, 이 동기의 장식은 큰뿔사슴의 힘과 능력에 대한 숭배가 역사시대에도 그대로 유지되었음을 보여준다고 할 수 있다.

거대한 뿔을 지닌 사슴은 반구대 암각화 바위에서 멀지 않은

천전리 각석에도 새겨졌다.[12] 세계의 다른 지역 암각화에서도 쉽게 찾아볼 수 있는 큰뿔사슴이 반구대와 천전리의 바위에도 새겨졌다는 사실은 큰 뿔에 부여한 상징성이 보편적 관념이었기 때문일 것이다. 지금도 동아시아를 포함한 여러 곳에서는 뿔을 갈아 만든 약재나 음식이 선호된다. 뿔이 상징하는 생식력을 얻고자 하는 선사시대 이래의 주술적 믿음이 지금도 사람들의 뇌리에 그대로 남아 있기 때문이리라.

⑭ 터키 차탈휘윅 신석기마을 집 들소뿔 장식

6

◎

멧돼지도 너구리도 아닌?

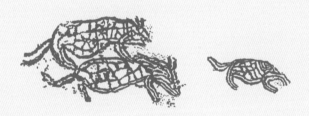

이 짐승들이 멧돼지나 너구리는 아니지만, 잡식동물일 수는 있다. 고양이과 이외의 육식동물일 가능성도 배제하기 어렵다. 뾰족한 주둥이로 땅을 헤집어 나무뿌리를 캐 먹거나 설치류에 속하는 작은 짐승을 잡아먹었을 수도 있으나, 멧돼지나 너구리의 신체적 특징을 지니고 있지는 않다. 그렇다면 이 짐승의 정체는 뭘까?

：

반구대 바위에는 비교적 크고 상세하게 표현되었지만, 정체가 명확하지 않은 뭍짐승 세 마리가 등장한다. 위아래로 표현된 두 마리는 옆으로 나란히 서 있는 상태일 가능성이 크고, 앞의 한 마리는 홀로 있다. 세 마리 모두 머리는 한 방향으로 향하고 있다.

몸에 가로 세로로 줄무늬가 나 있는 세 마리 짐승의 정체를 두고, 멧돼지라는 이도 있고, 너구리가 틀림없다는 이도 있다.[13] 하지만, 모두가 이런 의견 중 어느 하나에 동의하는 것은 아니다. 멧돼지로 보기에는 꼬리가 너무 굵고 긴 반면, 너구리로 보기에는 몸집도 너무 크고, 주둥이도 지나치게 길고 뾰족하다.

반구대 암각화 바위를 찾아와 이 짐승들을 보았던 어떤 이들은 오스트레일리아 원주민들의 암채화에 보이는 뢴트겐 기법으로 새겨졌다는 해석을 내놓기도 했다. 뢴트겐 기법이란 뢴트겐 사진으로 찍은 듯이 짐승의 몸 안 장기를 다 그림으로 나타낸 걸 뜻한다. 암채화로는 짐승의 입에서 내장까지 잇는 선을 그린 상태로 보이는데,[14] 반구대 암각화의 이 짐승들도 그런 시각을 바탕으로 새겼다는 것이다.

그러나 암각화를 잘 들여다보면 알 수 있듯이 짐승의 몸에 새

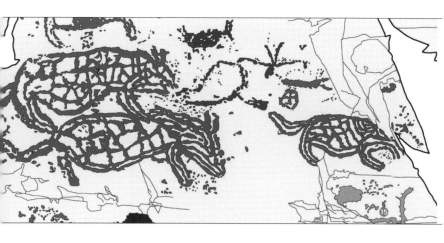

⑮ 반구대 암각화 실측도: 정체불명의 세 마리 짐승
⑯ 반구대 암각화: 정체불명의 세 마리 짐승

겨진 건 바깥으로 보이는 무늬이다. 머리 부분의 무늬는 비교적 촘촘하게 선이 그어진 듯이 보이고, 몸통의 것은 가로세로 줄이 그어진 듯이 보인다. 줄무늬가 머리 부분의 것과 다르다는 점이 이 짐승의 외관적 특징이기도 하다.

꼬리는 굵고 길지만, 몸통의 크기에 비해 다리가 짧고 어깨 근육이 발달하지 않은 것으로 보아 이 짐승이 호랑이나 표범 같은 고양이과 맹수일 가능성은 그리 크지 않다. 그렇다고 초식동물로 보기도 어렵다. 반구대 바위의 다른 초식동물 형상에서 확인할 수 있듯이 사슴류를 포함한 발굽 동물들은 꼬리가 짧은 게 특징이다. 일반적으로 지능이 높은 고양이과 맹수는 꼬리를 움직여 의사 표시를 하지만, 초식동물은 그렇지 않기 때문이다.

이런 사실로 보아 이 짐승들이 멧돼지나 너구리는 아니지만, 잡식동물일 수는 있다. 고양이과 이외의 육식동물일 가능성도 배제하기 어렵다. 뾰족한 주둥이로 땅을 헤집어 나무뿌리를 캐 먹거나 설치류에 속하는 작은 짐승을 잡아먹었을 수도 있으나, 멧돼지나 너구리의 신체적 특징을 지니고 있지는 않다. 그렇다면 이 짐승의 정체는 뭘까?

족제빗과에 속한 아시아 오소리는 야행성으로 설치류, 나무뿌리, 뱀, 지렁이까지 먹지 못하는 것이 없다. 덩치보다 싸움도 잘하고 성질도 사나워 자연계에서도 천적이 거의 없다. 덩치 큰 맹수인 범이나 곰도 작고 사나운 오소리를 굳이 건드리려고 하지 않는다. 몸길이가 길어야 1m이고 꼬리의 길이도 50cm 정도인 오소리는 최대 무게가 12kg 전후인 이 짐승은 범이나 곰처럼 사람에게 경외의 대상이 되기 어렵다. 그런 점에서 오소리가 바위에 크게 새겨질 가능성은 그리 크지 않다.

오소리와 같은 족제빗과 동물인 울버린은 몸무게가 오소리의 두 배로 힘이 세고 겁이 없다. 사슴이나 산양뿐 아니라 작은 곰까지 사냥하는 이 짐승은 주로 겨울이 긴 툰드라지대에 산다. 비교적 온난했던 신석기시대 울산의 식생이나 자연환경을 고려하면 울버린이 바위에 새겨질 가능성은 거의 없다. 이런 사실로 미루어 볼 때, 반구대 바위에 커다랗게 새겨진 이 짐승늘의 정체는 앞으로도 상당 기간 의문 부호를 붙인 채로 두어야 할 듯하다.

7

◎

덫과 그물

고래 무리 화면의 그물 아래쪽에 새겨진 울타리도 짐승을 몰아 가두기 위해 만든 덫의
일종이 틀림없지만, 반구대 암각화 제작자의 무리가 울타리 안에 무엇을 몰아넣으려
고 했는지는 알 수 없다. 울타리 사이 여러 군데에 암각 흔적이 남아 있으나 어떤 짐승
을 형상하려 했는지는 알아볼 수 없기 때문이다.

'덫을 놓는다, 덫에 걸렸다'는 말이 있다. 짐승이 다니는 길목에 올가미를 만들어 두거나, 웅덩이를 파고 위를 덮어 놓으면 힘들여 뒤쫓다가 창을 던지거나 활을 쏘아 맞히는 수고를 하지 않고도 짐승을 잡을 수 있다. 이렇게 올가미를 놓고 웅덩이를 파 덮어 두는 행위를 덫을 놓는다고 하고, 이런 장치에 짐승이 걸리는 걸 덫에 걸렸다고 한다.

짐승을 잡으려고 덫을 놓는 행위는 후기 구석기시대의 그림에서도 확인할 수 있는데, 한쪽 끝이 막힌 함정으로 짐승이 들어가는 발자국을 여럿 그린 그림이 그런 예이다.[15] 함정을 파거나 그물을 걸어 두고 짐승을 쫓아 여기에 빠지거나 걸려들게 하는 사냥법은 신석기시대에도 종종 사용되었고, 청동기시대나 초기 철기시대에도 세계 어디서나 행해졌다.

반구대 암각화에는 그물과 울타리가 여럿 등장한다. 2개의 그물은 웅덩이 같은 데에 걸쳐 둔 것이고, 2개의 울타리는 짐승이 다니는 길목에서 이어지는 개활지 초입이나, 짐승을 한쪽으로 몰아 막다른 골목 끝에 설치한 것이다. 배로도 해석되는 세 번째 시설도 울타리일 가능성을 배제하기 어렵다.

바위 면 왼쪽 고래 무리 위로 새겨진 그물 안에는 호랑이 한 마리가 들어 있는데, 머리 쪽이 남아 있지 않다. 새긴 순서로 보아 그물과 호랑이는 큰 시차 없이 형상화된 듯하다. 다만 비교적 깊게 내려진 그물 안의 호랑이가 그리 크게 새겨진 것은 아니어서 함정의 깊이가 상당히 깊었던 것으로 추정할 수 있다. 암각화가 주로 새겨진 바위면 왼쪽의 바위 절벽이 꺾어진 곳에도 그물 하나가 새겨졌지만, 안타깝게도 그물 안에 걸린 것은 없다. 암각화 제작자는 그물을 표현하는 데에 초점들 둔 듯하다.

고래 무리 화면의 그물 아래쪽에 새겨진 울타리도 짐승을 몰아 가두기 위해 만든 덫의 일종이 틀림없지만, 반구대 암각화 제작자의 무리가 울타리 안에 무엇을 몰아넣으려고 했는지는 알 수 없다. 울타리 사이 여러 군데에 암각 흔적이 남아 있으나 어떤 짐승을 형상하려 했는지는 알아볼 수 없기 때문이다.

고래 무리가 새겨진 바위면 오른쪽에도 울타리가 하나 새겨졌다. 하지만 어떤 이는 이 시설을 고래잡이배로 본다.[16] 그러나 이 시설의 형태가 고래 무리 화면에 보이는 울타리와 같은 것으로 볼 때, 짐승을 몰아 가두기 위한 또 하나의 울타리로 보는 게 좋을 듯하다. 실제 울타리 안에는 어떤 짐승이 한 마리 들어 있는데, 새김 순서로 보면 짐승이 먼저 새겨지고 그 위에 울타리가 형상된 것으로 보는 게 좋을 듯하다. 이후 울타리의 일부에 걸쳐

❶❼ 반구대 암각화 실측도: 그물과 울타리
❶❽ 반구대 암각화: 그물과 울타리

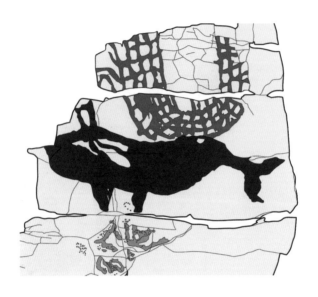

호랑이 한 마리가 새겨졌는데, 이 울타리와는 직접적인 관계가 없는 것으로 보인다.

호랑이가 걸쳐져 있는 울타리 아래쪽에 새겨진 것은 고래잡이배로 해석하는 게 일반적이지만, 이 배로 보이는 도구 위에 사슴 한 마리가 형상되어 있어 다른 해석의 여지를 남기고 있다. 보는 이에 따라서는 사슴을 몰아 잡기 위한 작은 울타리로 해석할 수노 있기 때문이다. 물론 사슴과 배로 보이는 도구, 근처의 표범은 각각 따로 형상되었다.

⑲ 그물 함정 실측도

8

◎

겹친 그림들

같은 새김 기법으로 한 형상에 덧붙여 다른 물상을 새겨 넣으면 작가가 형상하려던 물
상과는 다른 것이 바위에 남게 될 수도 있다. 새긴 사람은 선후 새김의 순서를 잘 기억하
겠지만, 다른 이들은 이런 차이를 알아내기 어렵다. 그러니 수천 년 뒤 이 암각화를 만
난 이들은 어떻겠는가? 작가가 의도하지 않았던 엉뚱한 결론에 이를 수도 있는 것이다.

반구대 바위에는 겹친 그림이 많다. 오랜 세월 동안 바위 면이 캔버스로 사용되면서 앞서 새긴 그림 위에 새 형상을 새로 새기는 일이 여러 차례 거듭된 까닭이다. 이런 그림 가운데 어떤 것은 그림이 겹치는 과정의 선후를 알 수 있지만, 어떤 것은 판별하기 어렵거나 애매한 것도 있다.

시간 간격을 어느 정도 두고 옛 그림 위에 새 형상이 더해졌는지, 이전 그림과 새 형상을 새기는 도구나 방법이 어떻게 다른지에 따라 판별할 수 있는지가 결정될 수도 있고, 이전 것에 일부나 전부가 겹쳐 그려진 물상이 이전 것과 어떻게 다른지에 따라 명확한 판별이 가능할 수도 있고 그렇지 않을 수도 있을 것이다.

중대형 고래들이 주로 새겨진 바위 면의 왼쪽 위에는 그물에 갇힌 것처럼 보이는 호랑이의 어깨 아래쪽이 남아 있다. 형상을 새긴 순서로 보아 두 마리의 고래 위에 세 마리의 고래가 더 새겨졌고, 고래들 사이에는 배 한 척이 새겨졌다. 고래를 새긴 사람들이 화면에 다른 걸 더하지 않은 상태에서 U자형으로 그물이 새겨지고 그물 안에는 호랑이가 새겨졌다. 그런데 어찌 된 일인지 호랑이는 어깨 아래쪽만 남았다. 어떤 이유에선가 호랑이의 머리 부분이 새겨지지 않았거나, 새겨진 뒤 없어진 것이다.

고래들이 새겨진 화면 오른쪽 미완성 고래 곁에는 호랑이와 표범, 사슴과 배 등이 표현되었는데, 고래와 배가 새겨진 뒤 호랑이와 표범이 형상되었음이 새긴 기법의 차이로도 순서가 확인된다. 마지막에 쪼고 갈아 새겨진 호랑이와 표범은 선이 굵고 깊어 이전에 새긴 형상들을 일정 부분 훼손하고 있다.[17]

흥미로운 것은 미완성 고래 꼬리 부분 오른쪽의 서 있는 호랑이다. 새김 기법으로 보면 왼쪽의 표범 및 호랑이 새기는 방법과 같지만, 배 쪽의 선 처리가 모호하다. 마치 호랑이가 삼각형의 어떤 물건을 배에 댄 것처럼 보인다. 왼쪽의 호랑이와 달리 머리 쪽의 선도 애매하게 처리되어 주둥이가 긴 개가 짐승의 그것과 비슷하다. 어깨 근육이 올라온 정도도 고양이과 맹수의 그것과 다르다. 모호하게 처리된 선으로 말미암아 머리를 수그린 채 애매하게 선 자세여서 맹수의 위용이 드러나지 않는다. 두툼한 꼬리도 위로 꺾이듯 올라가지 않고 부드럽게 휘었다.

멀리서도 잘 보이는 이 짐승을 처음 본 사람들 가운데에는 오스트레일리아에 자생하는 캥거루가 반구대 바위에 새겨졌다며 놀랍게 여긴 이도 있었다고 한다. 구대륙과 일찍 분리되어 유대류의 천국이 된 오스트레일리아의 생태계와 아시아나 유럽의 그것은 다름에도 불구하고 외양만으로 반구대 바위에 새겨진 짐

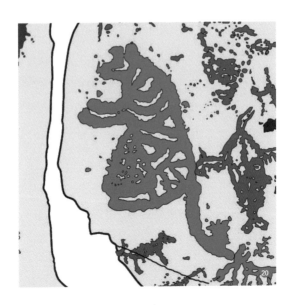

⑳ 반구대 암각화 실측도: 다른 그림과 겹쳐 새긴 호랑이
㉑ 반구대 암각화: 다른 그림과 겹쳐 새긴 호랑이

승이 캥거루라는 상식에 걸맞지 않은 의견이 나온 이유도 바위 새김에 선후가 있다는 사실에 주의를 기울이지 않은 탓이다.

사실 바위 면을 자세히 들여다보지 않으면 이 짐승을 형상한 선들의 선후 관계를 읽어낼 수 없어 짐승의 정체에 대해 오해하기 쉽다. 더욱이 새김 기법도 크게 차이 나지 않아 호랑이처럼 보이는 짐승과 배 쪽에 더해진 선이 동시에 새겨진 것으로 볼 수밖에 없다.

이런 사례처럼 같은 새김 기법으로 한 형상에 덧붙여 다른 물상을 새겨 넣으면 작가가 형상하려던 물상과는 다른 것이 바위에 남게 될 수도 있다. 새긴 사람은 선후 새김의 순서를 잘 기억하겠지만, 다른 이들은 이런 차이를 알아내기 어렵다. 그러니 수천 년 뒤 이 암각화를 만난 이들은 어떻겠는가? 작가가 의도하지 않았던 엉뚱한 결론에 이를 수도 있는 것이다.

9
◎
망각

강변에서 멀지 않은 곳에 마을을 세우고 농사를 짓던 이들이 마을 안에 신을 모시는
사당을 세우면서 더는 신을 찾아 멀리 길 떠날 일이 없게 되어서였을 수도 있다. 반구
대 암각화 바위도 어느 순간 선사시대 사람들이 살던 석회암 동굴 입구나 바위 그늘
유적처럼 망각의 늪에 깊이 기피앉은 셈이다.

오지 않으면 잊힌다. 수천 년간 성스러웠던 공간도 찾지 않으면 주변 풍경에 녹아든다. 발길이 끊기면 길이 풀숲으로 덮이고 길이었던 흔적조차 찾기 어려워지는 거와 같다. 반구대 암각화 바위도 이곳을 찾는 발길이 끊기면서 잊힌 곳이다.

선사시대나 고대의 유적들은 우연히, 갑작스레 발견되는 게 일반적이다. 그곳을 삶터로 삼던 사람들이 천재지변이나 화재, 이웃과의 갈등, 전쟁 등을 겪으면서 살던 곳에서 떠난 뒤, 다시 이곳에 오는 이가 없으면 사람 살던 흔적은 오래지 않아 자연의 손길, 시간의 힘에 덮이고, 잊히기 때문이다.

오랜 시간이 흐른 뒤 탐험에 나서거나, 밭을 개간하는 사람들이 우연히 발견한 돌도끼나 토기 조각 같은 것이 그 자리가 사람이 살았던 곳임을 알려주면 고고학적 발굴이 이루어지기도 하고, 그곳에 대한 조사 기록이 남겨지기도 한다. 이런 과정을 고려하면, 오늘날 알려진 선사시대와 고대의 유적은 여전히 존재가 알려지지 않고, 베일에 가려진 유적의 1~2%도 안 된다고 할 수 있다.

마을이나 도시의 밀도가 비교적 높았던 중근동 메소포타미아 지역에서 텔이나 테페로 불리는 유적은 짧게는 수천 년, 길게는 만 년 넘게 사람이 살았던 흔적이 낮은 산이나 언덕 형상으로 남아 있는 경우이다. 물론 오랜 기간 끊임없이 사람이 살았던 흔적은 아니고, 살다가 버려지고, 다시 살던 사람들이 떠난 뒤, 폐허 상태로 위에 흙이 덮이고 쌓인 뒤 다시 사람들이 이곳을 찾아 마을을 세우고, 도시로 번성시켰던 자취이다. 마지막으로 사람이 살다가 떠난 뒤, 오랜 기간 버려지거나 잊힌 까닭에 언덕이나 낮은 산의 형상으로 눈에 들어오는 것이다.

반구대 암각화 바위도 캔버스로 사용된 지 수천 년 만에 중근동의 수많은 텔이나 테페처럼 버려지고 잊힌 사례이다. 처음 바위에 띄엄띄엄 뭍짐승들을 새긴 이들이 태화강변 제 살던 곳을 떠난 지 수백 년 뒤, 다시 새로운 무리가 이 바위를 찾아 활이나 창으로 사슴이나 노루를 사냥하던 자신들의 모습을 새기며 사냥의 성공을 기원하는 일이 몇 백 년 동안 계속되었을 것이다.

어떤 이유에서일까? 사슴을 사냥하던 이들도 어디론가 떠나고, 이번에는 울산만 안팎에서 고래를 잡아 생계를 꾸리던 이들이 반구대 바위를 찾는다. 때로 마을보다 큰 고래를 잡던 사람들, 삭은 배를 타고 큰 바다로 나가기를 두려워하지 않던 이들이 그들의 경험과 기억, 소망을 바위에 담다가 떠나고 다시 오랜 시간이 흐른다. 마지막으로 이곳을 찾은 사람들은 맹수의 신적인 힘

㉒ 잊힌 뒤 댐이 서고 수몰된 반구대 암각화

과 능력을 경외하던 이들이다.

반구대 바위에 사람이 찾아오는 동안 이곳은 신성한 공간의 중심이었다. 물길로는 바깥 세계와 이어질 수 있지만, 깊은 산의 골짝 길로 다가서기에는 곳곳에 위험이 도사린 까닭에 가까이 가기 어려웠다. 물길로도 어렵게 닿았기에 사람들이 신과 만날 수 있다고 믿었던 반구대 암각화 바위.[18] 잊혔다가도 다시 발견되고, 다시 찾을 수 있었던 신성한 바위에 찾는 이들이 신과 나눈 대화, 기도가 그림으로 남겨진 건 당연하다고 할 수 있다.

그러나 맹수를 경외하던 이들마저 이곳을 찾지 않게 된 뒤, 반구대 암각화가 새겨진 바위와 둘레의 기암절벽 지대는 잊힌 곳이 되었다. 사냥을 생계 수단으로 삼던 이들이 더는 태화강 일대에 살지 않게 되면서 사냥을 돕던 신들과 만날 수 있던 이곳도 자연스레 잊혔을지 모른다. 강변에서 멀지 않은 곳에 마을을 세우고 농사를 짓던 이들이 마을 안에 신을 모시는 사당을 세우면서 더는 신을 찾아 멀리 길 떠날 일이 없게 되어서였을 수도 있다. 반구대 암각화 바위도 어느 순간 선사시대 사람들이 살던 석회암 동굴 입구나 바위 그늘 유적처럼 망각의 늪에 깊이 가라앉은 셈이다.

10

◎

새김에서 그림으로

반구대 바위가 수천 년 동안 캔버스로 사용된 것은 전혀 이상한 일이 아니다. 게다가 바위에 물상을 새기는 행위가 지니는 성스러움, 혹은 주술성까지 고려하면 반구대 바위는 사람들에게 최우선으로 떠오르는 자연 속의 캔버스였다고 할 수 있다. 그런 곳이 언제부턴가 버려지고 잊힌 것은 어째서일까?

바위에 형상을 남기는 방법은 새기기와 그리기다. 물론 그리기란 형상에 채색까지 더해 마무리한 경우를 말한다. 한국에서 암각화는 발견되지만, 암채화는 보이지 않는다. 사계절 온습도 차가 심한 지역이라 암채화가 남아 전하기도 어렵지만, 열대나 아열대 지역에서도 암채화 유적이 자주 발견됨을 고려하면, 한국에서는 암채화가 아닌 암각화만 제작되었을지도 모른다.

반구대 암각화와 천전리 각석 암각화는 매우 오랜 세월 동안 서로 다른 사람들에 의해 제작되었다. 반구대 암각화만 해도 뭍 짐승을 사냥하던 사람, 고래잡이가 생업이던 사람들, 맹수를 경외하던 사람들이 서로를 알지 못한 채 오랜 기간 여러 세대에 걸쳐 자신들의 생업과 관련이 깊은 존재를 익숙한 기법으로 새겨 형상화했다.

그런데 언제부턴가 반구대 바위는 사람들에게 잊혔다. 암각화를 새기려고 물길을 거슬러 대곡천 바위 절벽까지 오는 사람도 없었고, 태화강 물줄기에서 벗어난 외진 곳을 찾는 이도 없었다. 수천 년 동안 사람들의 기억 속에서 성스러운 장소였던 곳이 어느 틈엔가 강변엔 갈대만 우거지고, 숲 깊은 곳에서 물 마시러

㉓ 반구대 암각화: 고래 무리

나오는 짐승들만 볼 수 있는 곳으로 바뀌었다.

오랜 세월 반구대 바위에 사람들이 찾아왔던 것은 성스러운 바위에 물상을 새겨 남기기 위해서다. 주술적인 의도가 바탕에 깔려 있지만, 바위 새김이 계속된 건 바위 면이 캔버스로 기능했기 때문이다. 한국에서도 신석기시대 후기에는 토기가 만들어져 토기 면이 캔버스로 쓰인다. 하지만 남아 전하는 토기들을 보면 토기 면이 새로운 캔버스로 활용되는 데에는 한계가 있다고 생각되었던 것 같다.

후기 구석기시대 동굴미술에서 확인할 수 있듯이 사람들은 무리 지어 사냥 나가며 먹거리를 마련하던 때부터 머무는 곳이나 가지고 있는 도구에 틈틈이 그림을 그리고 새겨 넣었다. 뼈나 가죽, 심지어 자기 몸도 캔버스로 사용했다. 보존상의 문제로 바위에 새긴 거나 그린 것 외에는 남아 전하는 것이 드물 뿐이다.

이런저런 이유로 가장 오랜 기간 사람들이 예술 활동을 위해 캔버스로 활용한 건 바위다. 눈여겨보면 지금도 바위는 캔버스로 쓰인다. 예술적 완성도가 떨어질 뿐이지 어린아이부터 어른까지 바위에 뭔가를 새기거나 그리지 않은 경험을 지닌 이는 찾아보기 어렵다.

그런 점에서 반구대 바위가 수천 년 동안 캔버스로 사용된 것은 전혀 이상한 일이 아니다. 게다가 바위에 물상을 새기는 행위

24 마을 안 사당과 집에 두었을 장식 토기들: ①바리(신석기시대, 경성 원수대, 국립중앙박물관), ②바리(신석기시대, 서울 암사동, 국립중앙박물관) ③삼각쌍문회도관三角雙紋繪陶罐(신석기시대 제가문화齊家文化, 기원전 2100~기원전 1700, 수집, 중국 감숙성박물관) ④저면경문경채도호猪面紋細頸彩陶壺(신석기시대 앙소문화, 기원전 5000~기원전 4000, 감숙 출토, 중국 감숙성박물관)

가 지니는 성스러움, 혹은 주술성까지 고려하면 반구대 바위는 사람들에게 최우선으로 떠오르는 자연 속의 캔버스였다고 할 수 있다. 그런 곳이 언제부턴가 버려지고 잊힌 것은 어째서일까?

아마도 가장 중요한 변화는 성스러운 공간의 이동일 것이다.[19] 세계 여러 문명 지역의 사례로 볼 때, 신석기시대 후기, 혹은 청동기시대에 접어들어 정착 생활이 본격화하고 당연시되면서 마을의 규모가 커지고 거주 인구가 많아지면서 자연스럽게 만들어지게 되는 것이 '성소'다. 수십 호 규모의 마을 안에 만들어지는 큰 건물의 용도는 대개 두 가지인데, 하나는 마을 안팎에서 발생하는 현안을 논하고 정하는 회의 장소로, 다른 하나는 공동의 신앙 대상을 모시는 성소로서의 쓰임새다.

성소에 모시는 대상이 누구이든, 성소는 성스러움을 드러내는 여러 종류의 물건과 무늬로 장식되기 마련이다. 토기는 토기대로, 다른 도구는 도구대로 장식무늬가 더해진 상태로 성소에 두어지고, 이런 것으로 말미암아 성소의 신성성이 더욱 두드러지게 된다. 반구대 바위에 더는 암각화가 새겨지지 않게 된 것도 사람들이 사는 더 커진 마을 안에 성소가 마련되고, 암각화로 형상되던 물상들이 성소를 장식하는 성스러운 무늬가 되면서부터가 아닐까?

11

◎

내일

유적의 관리와 관련하여 주의를 기울일 부분 가운데 하나는 유적과 지역 주민의 관계이다. 유적의 보존 관리가 유적 주변에서 삶을 영위하는 주민의 일상과 충돌하면 안 되는 것이다. 세계유산으로 등재된 유적이 잘 보존되는 동시에 관광지로서 개방이 이루어져 찾아오는 관광객이 많으면 주민의 일상이 방해받을 수 있고, 관광객과 주민 사이에 충돌이 일어날 수도 있다.

세계유산으로 등재된 유적이나 자연경관, 기록물은 그 나라와 그곳 사람들의 자랑거리다. 특별한 가치를 인정받아 세계유산이 된 까닭에 사람들은 새삼 자기네 고장에 있는 유적이나 기록물을 더 귀중하게 여기고 보호하려 애쓴다. 세계에 '세계유산의 도시'임을 내세우는 곳이 여럿 생긴 것도 이런 자부심과 마음 씀씀이에서 비롯된 현상이다.

이미 33곳의 암각화 유적이 세계문화유산으로 등재되었지만, 울산 대곡천 암각화군, 곧 반구대 암각화와 천전리 각석은 잠정 후보 목록에만 올라 있다.[20] 한국에서도 최우선 등재 대상으로 선정된 상태는 아니다. 세계유산으로 등재되어야 할 당위성도 충분히 설명되어야 하지만, 보존과 관리의 상태도 점검되어야 하고, 방안 등도 잘 마련되어 있어야 하는 까닭이다.

'특별한 가치와 진정성'이라는 용어로 요약되는 세계유산 등재 기본 조건에 부수된 행위 사항은 여러 가지다. 가치는 학문적 성과로 입증될 수 있으나, 진정성은 원형에 가까운 보존 상태를 전제로 하므로 유적과 주변 환경이 매우 안정된 상태가 되도록 여러 가지 행정적 조치도 해야 하고 관리도 이루어져야 한다.

유적의 관리와 관련하여 주의를 기울일 부분 가운데 하나는 유적과 지역 주민의 관계이다. 유적의 보존 관리가 유적 주변에서 삶을 영위하는 주민의 일상과 충돌하면 안 되는 것이다. 세계유산으로 등재된 유적이 잘 보존되는 동시에 관광지로서 개방이 이루어져 찾아오는 관광객이 많으면 주민의 일상이 방해받을 수 있고, 관광객과 주민 사이에 충돌이 일어날 수도 있다. 이처럼 유적 보존 관리와 주민의 삶이 갈등 관계에 놓이게 되면 궁극적으로는 이해관계의 당사자인 유적과 주민 모두 피해를 볼 수밖에 없다.

이런 문제를 예방하고, 아예 문제의 소지가 발생하지 않도록 하는 가장 좋은 방안이 유적 주변의 주민이 유적 보존 관리의 주체가 되며 행정은 이를 권장하고 보조하는 관계가 만들어지는 것이다. 노르웨이의 알타 암각화를 비롯한 상당수의 세계유산 등재 유적이 주민의 삶터에서 멀지 않은 곳에 있는 까닭에 유적의 보존 관리는 주민 자치에 맡겨진다. 주민들이 유적이 잘 보존되도록 애쓸 뿐 아니라 유적을 찾아오는 관광객에게 유적을 안내하고, 여러 가지 편의를 제공하는 것이다.

반구대 암각화와 천전리 각석의 경우에도 유적 보존 관리와 주민 삶의 안정성이 함께 유지될 수 있도록 행정적 조치가 이루어지는 게 바람직하다. 주민 자치조직이 유적의 보존 관리를 맡

㉕ 반구대 암각화 바위 위쪽에서 흘러내리는 물이 유적에
미치는 영향을 확인하기 위한 측정 도구 설치

고, 유적 개방에 수반되는 관광객 방문에 직접 관여하는 것이다. 유적을 방문한 관광객을 위한 여러 가지 편의시설을 관리하고, 관광객 안내와 유적 설명 등도 주민의 자치조직이 맡는다면, 주민의 일상이 방해받을 일이 없을 것이다.

세계유산으로 등재된 유적이라 할지라도 진정성이 유지되지 않으면 등재가 취소된다. 최근 영국을 비롯한 유럽의 몇몇 유적은 지역 주민의 숙원 사업이라는 이유 등으로 도로 개설 등의 주변 개발이 이루어지면서 등재가 취소되거나, 취소가 검토되고 있다. 반구대 암각화와 천전리 각석의 세계유산 등재도 이런 부분을 고려하면서 추진되어야 할 것이다.

범

겨우내 잤다
내내 꿈속에 있었다
사람에 쫓기지 않고
마음껏 포효하던 그때
노루 사슴 멧돼지가 지천이던 그때
꿈 아니면 돌아가지 못하는 그때
겨우내 꿈꾸며
미라가 되었다

봄

겨울이 깊으니
봄이 멀지 않았네
눈발이 날리니
새싹 볼 날
곧 오겠네

망각

세월이 가면
추억도 가는가
기억이 흐려지듯이
시간도 희미해지는가

오랜 세월
기억에 남기지 못하고
긴 시간
추억으로 담아내지 않으면
내일은
오지도 않고
만나지도 못하는구나

제1부 발견

1) 문명대, 1973, 「울산의 선사시대 암벽각화」, 『문화재』 7호, 문화재관리국, 33~40쪽.

2) 전호태, 2013, 『울산 반구대암각화 연구』, 한림출판사, 17~19쪽.

3) 이 글에서는 주로 울산대학교박물관과 울산대학교 반구대암각화 유적보존 연구소 발간 유적 정밀실측 보고서의 도상을 참고할 예정이다(울산대학교박물관, 2000, 『울산 반구대암각화』, 울산광역시청; 전호태·이하우·박초아, 2018, 『국보285호 울산 반구대암각화』, 울산대학교 반구대암각화 유적보존연구소).

4) 홀로세 중기에 해수면의 높이가 최고조였다는 견해를 따른다면, 신석기시대의 울산만은 태화강 십리대숲까지 확장된 상태였을 것이고, 기수역은 현재의 범서읍 일대까지였을 가능성이 크다(박정재, 2021, 『기후의 힘』, 바다출판사, 123쪽).

5) 도산성은 왜군이 울산읍성과 병영성을 헐어 쌓은 것으로 왜장 가토 기요마사가 이 성에 머물면서 조명 연합군의 맹공을 견디어낸 것으로 유명하다(이유수, 1986, 『울산지명사』, 울산문화원, 47쪽).

6) 울주군 언양읍 대곡리 공룡발자국 화석은 울산광역시 문화재자료 13호로 지정, 보호되고 있다. 관련 논고로 김현주·백인성·임종덕, 2014, 「국보 제285호 울주 대곡리 반구대암각화 지역의 공룡발자국 화석층: 산상, 고환경 및 자연사적 가치」, 『문화재』 47, 46~67쪽이 있다.

7) 실제 공룡 발자국 화석은 반구대 암각화부터 천전리 각석 사이의 암반층 곳곳에서 발견된다.

8) 호모 사피엔스가 5만 년 전 쪽배에 의지해 섬과 섬, 해협과 해협을 지나 오스트레일리아에 이른 것도 특유의 탐구심과 모험심을 전제하지 않으면 설명하기 힘들다.

9) 문명대, 1973, 「울산 선사시대 암벽각화」, 『문화재』 7호, 문화재관리국.

10) 1962년 세워져 1965년 물이 채워진 사연댐은 높이 46m, 길이 300m의 공업용수 및 생활용수 공급용 댐으로 유역면적은 124.5㎢, 만수위는 60m이다(한국수자원공사, 1992, 『전국하천조사서』).

11) 박정재, 2021, 『기후의 힘』, 바다출판사, 123쪽.

12) 황상일·윤순옥, 2000, 「울산 태화강 중·하류부의 Holocene 자연환경과 선사인의 생활변화」, 『한국고고학보』 43.

13) 암각화를 새기거나, 암채화를 그리는 바위는 일상의 공간과는 구별되는 외진 장소보 조자연적 힘이 작용한다고 여긴 곳에 있다. 엠마누엘 아난티는 이런 장소가 매우 신중하게 선정된다고 보았다(엠마누엘 아나티 지음, 이승재 옮김, 2008, 『예술의 기원』, 바다출판사, 384쪽). 후기 구석기시대의 동굴 벽화가 일상의 세계와 구별된, 접근하기 어려운 곳에서 발견되는 것도 신성성 관념이 전제된 선택의 결과라고 할 수 있다(미르치아 엘리아데 지음, 이용주 옮김, 2017, 『세계종교사상사 1』 이학사, 41~44쪽).

14) 물 결 바위에서 계욕 의례를 하는 것도 신성한 기운을 덧입으려는 의식이 작용했기 때문이다. 계욕의례 현장에 대해서는 장장식, 2017, 「고령 장기리 암각화로 본 한국 선사고대인의 신앙과 민속」, 『한국 암각화 연구』 21, 77~99쪽 참조.

15) 마이산 탑사는 처사 이갑룡(1860~1957)이 창생을 구할 목적으로 30년 동안 크고 작은 돌로 108기의 탑을 쌓으면서 탄생한 절이다. 암마이봉의 수직벽

아래 골짝에 자리 잡은 탑사는 늘 기도하러 오는 이로 붐비는 곳이다.

16) 전호태, 2013, 『울산 반구대암각화 연구』, 한림출판사, 123쪽.

17) 임두빈, 2001, 『원시미술의 세계』 가람기획.

18) 이상균, 2010, 『한반도의 신석기문화』 전주대학교출판부.

19) 바위 안에 사람들이 사는 세상과 다른 세상이 있다고 믿는 이들도 있었다(엠
마누엘 아나티 지음, 이승재 옮김, 2008, 『예술의 기원』, 바다출판사, 376쪽).

20) 장장식, 2002, 「몽골의 '어머니바위' 신앙과 전승 현장」, 『민속학 연구』 11,
183~206쪽; 전호태, 2021, 『울산 천전리 각석 암각화 톺아읽기』, 민속원,
263~264쪽.

21) 『삼국사기』에는 바위가 부서져 쌀이 되었다는 기사가 전한다. 쌀바위 전설
을 구체적으로 전하는 기록으로 주목된다(北巖崩碎爲米, 食之如陳倉米, 『三
國史記』 卷5, 「新羅本紀」 5, 太宗武烈王 4年).

22) 울산 가지산 쌀바위도 그중 하나이다(이유수, 1986, 『울산지명사』, 울산문화원,
1008~1009쪽).

23) 마리아 김부타스 지음, 고혜경 옮김, 2016, 『여신의 언어』, 한겨레출판, 218쪽.

24) 알프스 산록 동굴 깊은 곳에 곰의 뼈를 가지런히 모아둔 사례는 네안데르탈
인이 곰 제의를 행한 흔적으로 이해되고 있다(나카자와 신이치 지음, 김옥희 옮
김, 2005, 『곰에서 왕으로-국가 그리고 야만의 탄생』, 동아시아, 71~73쪽)

25) 후기구석기시대의 작품인 '비너스'들은 하나같이 표면을 잘 갈고 다듬어 만
들었다(국립중앙박물관, 2021, 『호모 사피엔스: 진화∞관계&미래?』, 166~171쪽 게
재도면 참조).

26) 전호태, 2020, 『글바위, 하늘의 문-울산 천전리 각석 이야기』, 진인진, 217쪽.

27) 1만 3000년 전 나투프인이 곡물을 모아 저장하고 술을 빚었던 흔적은 최근
발견되어 보고되었다(『Journal of Archaeological Science』, 2018년 10월호).

28) 안승모·이준정, 2009, 『선사 농경 연구의 새로운 동향』, 사회평론.

29) 황상일·윤순옥, 2002, 「울산시 황성동 세죽 해안의 Holocene 중기 환경변화와 인간생활」, 『한국고고학보』 48.

30) 석기시대의 장인들이 암석의 기술적 성질을 넘어 색과 질감의 차이에도 신경을 썼다는 사실은 이 때도 이미 도구를 제작할 때, 실용성을 넘어 미적 아름다움까지 갖추려 했음을 알게 한다(미셸 로르블랑셰 지음, 김성희 옮김, 2014, 『예술의 기원』, 알마, 76~77쪽). 이렇듯 도구 제작에도 예술적 감수성이 작용했다면 석기시대의 예술가들이 종교적 성격을 지닌 암각화나 암채화 제작에 어느 정도의 예술적인 시각과 기질을 투사했을지는 미루어 짐작할 수 있다.

31) 전호태, 2020, 『글바위, 하늘의 문 – 울산 천전리 각석 이야기』, 진인진, 43~44쪽

32) 울산대학교 반구대암각화유적보존연구소 조사팀의 실측 보고에 따르면, 반구대 암각화에서 발견된 물상의 수는 353개이다(전호태·이하우·박초아, 2018, 『국보285호 울산 반구대암각화』, 울산대학교 반구대암각화유적보존연구소).

33) 金元龍, 1980, 「울주 반구대 암각화에 대하여」, 『한국고고학보』 9, 6~22쪽.

34) 정동찬, 1996, 『살아있는 신화 바위그림』, 혜안, 211~256쪽.

35) Benjamín Ballester, 2021, "Liminality, pilgrimages and sacred places in El Médano ock art from the Atacama Desert" 『대곡리 암각화 발견 50주년 기념 국제학술대회 '암각화와 신성한 공간' 발표 자료집』, 울산암각화박물관, 89~108쪽).

36) 유럽과 아시아의 암각화, 암채화 가운데 서로 다른 시기, 다른 사람들에 의해 새기거나 그린 그림이 겹치지 않는 사례를 찾기가 오히려 어렵다(엠마누엘 아나티 지음, 이승재 옮김, 2008, 『예술의 기원』, 바다출판사, 267~283쪽).

37) 전호태, 2013, 『울산 반구대암각화 연구』, 한림출판사, 137쪽.

38) 근래의 정밀 실측 보고에서 제시한 반구대 암각화 물상의 수에 차이가 있는 점도 유적을 제대로 보려는 이들에게는 혼란을 안긴다. 2013년 울산암각화

박물관이 유적에서 찾아낸 물상의 수는 231점이지만, 2018년 울산대학교 반구대암각화유적보존연구소에서 밝힌 물상은 모두 353점이다(울산암각화박물관, 2013, 『한국의 암각화 Ⅲ: 울주 대곡리 반구대암각화』; 전호태·이하우·박초아, 2018, 『국보285호 울산 반구대암각화』, 울산대학교 반구대암각화유적보존연구소). 겹치거나 정체를 밝혀내기 어려워 미상으로 처리한 물상을 어떻게 나누어 보는가에 따라 읽어낼 수 있는 물상의 수가 달라질 수 있다고 하더라도 두 기관이 제시한 물상의 수에 상당한 차이가 있는 것도 사실이다.

39) 전호태, 2013, 『울산 반구대암각화 연구』, 한림출판사, 17~19쪽.

40) 반구대 암각화에 대한 최초의 실측 보고는 1984년 황수영·문명대에 의해 이루어졌다(황수영·문명대, 1984, 『盤龜臺岩壁彫刻』, 동국대학교출판부). 이후, 울산대학교박물관을 비롯하여 여러 기관에서 사진과 도면이 실린 보고서를 냈다. 울산대학교박물관, 2000, 『울산 반구대암각화』, 울산광역시청; 국립문화재연구소, 2011, 『반구대암각화』; 울산암각화박물관, 2013, 『한국의 암각화 Ⅲ: 울주 대곡리 반구대암각화』; 전호태·이하우·박초아, 2018, 『국보285호 울산 반구대암각화』, 울산대학교 반구대암각화유적보존연구소.

41) 석곽 위에 할석을 덮고 개석을 올린 뒤, 다시 받침돌과 덮개돌을 올린 창원 덕천리 지석묘군 발굴 조사는 이런 점에서 주목할 만한 성과를 거둔 사례이다(이상길, 1993, 「창원 덕천리유적 발굴조사 보고」, 『삼한사회와 고고학』).

42) 인도 마디아프라데시 참발계곡 다라키차탄 동굴에서는 전기 구석기시대 말인 약20만 년 전 제작된 바위구멍 아래서 당시에 사용된 온갖 석제 도구뿐 아니라, 바위구멍을 내는 데 사용된 망칫돌이 발견되기도 했다(미셀 로르블랑세 지음, 김성희 옮김, 2014, 『예술의 기원』, 알마, 127~128쪽).

43) 엠마누엘 아나티 지음, 이승재 옮김, 2008, 『예술의 기원』, 비다출판사, 80~83쪽.

제2부 사냥

1) 조셉 캠벨이나 나카자와 신이치가 인용, 소개한 북미 인디언들의 들소사냥이나 염소사냥 관련 일화나 이야기들은 이런 경험이나 기억을 신화적으로 풀어낸 경우라고 할 수 있다(조셉 캠벨·빌 모이어스 지음, 이윤기 옮김, 1993, 『신화의 힘』, 고려원, 158~163쪽; 나카자와 신이치 지음, 김옥희 옮김, 2005, 『곰에서 왕으로─국가 그리고 야만의 탄생』, 동아시아, 58~67쪽).

2) 전호태, 2021, 『울산 천전리 각석 암각화 톺아읽기』, 민속원, 96쪽.

3) 엠마누엘 아나티 지음, 이승재 옮김, 2008, 『예술의 기원』, 바다출판사, 456~457쪽; 조지프 캠벨 지음, 이윤기 옮김, 2018, 『천의 얼굴을 가진 영웅』, 민음사, 55쪽.

4) 반구대 암각화도 주변 자연환경의 일부이다. 인간이 개입해서 만들어낸 풍경을 구성하는 요소의 하나이기도 하다. 그런 점에서 경관고고학적 인식의 대상이라고 할 수 있다(김종일, 2006, 「경관고고학의 이본적 특징과 적용 가능성」, 『한국고고학보』 58, 110~145쪽)

5) 황상일·윤순옥, 1995, 「반구대암각화와 후빙기 후기 울산만의 환경변화」, 『한국제4기학보』 9, 1~18쪽.

6) 3만5천 년 전후 매머드 상아로 만들어진 사자 인간은 1939년 독일의 바덴 뷔르템베르크의 홀렌슈타인─슈타델에서 발견된 가장 오래된 동물인간상이다.

7) 나카자와 신이치 지음, 김옥희 옮김, 2005, 『곰에서 왕으로─국가 그리고 야만의 탄생』, 동아시아, 71~73쪽.

8) 아리엘 골란 지음, 정석배 옮김, 2005, 『선사시대가 남긴 세계의 모든 문양』, 푸른역사.

9) 마리아 김부타스 지음, 고혜경 옮김, 2016, 『여신의 언어』, 한겨레출판; 고대 중국의 서왕모도 본래는 삶과 죽음을 주관하는 여신이었다(전호태, 2007, 『중

국 화상석과 고분벽화 연구』, 솔, 43~78쪽).

10) 전호태, 2021, 『울산 천전리 각석 암각화 톺아읽기』, 민속원, 93~94쪽.

11) 마리아 김부타스 지음, 고혜경 옮김, 2016, 『여신의 언어』, 한겨레출판.

12) 스페인 몬테스판 동굴에서는 화살을 쏜 흔적이 있는 점토로 만든 곰이 발견되었다(나카자와 신이치 지음, 김옥희 옮김, 2005, 『곰에서 왕으로-국가 그리고 야만의 탄생』, 동아시아, 75~76쪽). 이 역시 사냥에 앞선 주술 행위의 흔적이라고 볼 수 있다.

13) 陶宗儀, 『水衡記』.

14) 전호태, 2018, 『고구려 고분벽화와 만나다』, 동북아역사재단, 42~44쪽.

15) 전호태, 2021, 『울산 천전리 각석 암각화 톺아읽기』, 민속원, 87쪽.

16) 선사시대 연구자들은 활의 발명을 전후로 시대를 나누기도 한다. 활을 사용한 이들을 진화한 수렵인으로 부르는 것도 이 때문이다(엠마누엘 아나티 지음, 이승재 옮김, 2008, 『예술의 기원』, 바다출판사, 226쪽).

17) 스페인 레반트 지역 신글레 데라 몰라 레미히아 바위 그늘 유적 9호 벽화에는 궁수들 사이의 전투가 묘사되었고, 알바세테 미나테다 바위 그늘에는 궁수들의 화살 세례를 받은 사람의 모습이 그려졌다(장 길렌·장 자미트 지음, 박성진 옮김, 2020, 『전쟁고고학-선사시대 폭력의 민낯』, 사회평론아카데미, 180~191쪽).

18) 엘리스 로버츠 지음, 김명주 옮김, 2019, 『세상을 바꾼 길들임의 역사』, 푸른숲, 29~34쪽.

19) 유목과 수렵을 겸하던 고대 오환(烏桓)과 선비(鮮卑) 사람들이 개를 사람의 영혼을 생명이 시작된 곳, 죽은 자가 가야 할 세계로 인도하는 동물로 여긴 것은 잘 알려진 사실이다(전호태, 2020, 『중국인의 오브제』, 성균관대학교출판부, 301쪽). 이는 고구려 사람도 마찬가지다. 개가 영혼 인도 동물로 인식되기 시작한 것은 역사시대가 시작되기 이전, 무덤에서 사람과 개의 유골이 함께 발견되는 신석기시대부터였을 것이다.

20) 전호태, 2020, 「고구려 고분벽화의 개」, 『한국고대사연구』 97, 87~106쪽.

21) 족제비로 분류할 수 있는 동물은 반구대 암각화에 보인다(전호태·이하우·
박초아, 2018, 『국보285호 울산 반구대암각화』, 울산대학교 반구대암각화
유적보존연구소, 64쪽, Ⅰ-E-29..

22) 리링 외 지음, 정호준 옮김, 2021, 『중국 고고학, 위대한 문명의 현장』, 역사산책.

23) 임효재·이준정, 1988, 『鰲山里遺蹟 Ⅱ; 서울大學校考古人類學叢刊 제13책』,
서울대학교박물관.

24) 송은숙, 2003, 「암사동 신석기 주거지의 특징」, 『한국선사고고학보』 10.

25) 전호태, 2013, 『울산 반구대암각화 연구』, 한림출판사, 13쪽.

26) 장용준·김종찬, 2019, 「한반도 출토 선사시대 흑요석 원산지 연구」, 『한국고
고학보』 111, 8~45쪽.

27) 이런 까닭에 실크로드를 통한 동서 교역에서는 중앙아시아 오아시스 도시
국가들이 중요시되었다. 한국과 일본열도 사이 선사시대 및 고대 교역의 중
심지 가운데 하나가 사천 늑도이다(이재현, 2008, 「원삼국시대 남해안 해상교류
시스템 – 늑도유적의 발굴성과와 연구 과제를 중심으로」, 『대구사학』 91, 1~19쪽; 이
창희, 2015, 「勒島交易論 – 金屬器交易에 대한 新觀點」, 『영남고고학』 73, 4~27쪽).

28) 중국 한나라에서 수출된 비단이 로마에 이르면 처음 가격의 수백 배에 이르
렀다. 동남아의 향료가 유럽에 이를 때도 마찬가지여서 중개상을 거치지 않
은 직접 교역이 시도되면서 '대항해시대'가 열렸다.

29) 근대 말에도 유목사회건, 농경사회건 가릴 것 없이 '지방 덩어리'는 매우 귀
중한 식품이었다. 필자도 몽골 발굴 현장에서 귀한 외부의 상객 자격으로
식사 자리에서 제일 먼저 양 꼬리의 지방 덩어리를 제일 먼저 받아 자른 뒤,
다른 사람들에게로 넘기는 특별한 대접을 받은 적이 있다.

30) 일본의 민가나 상업 시설 한쪽에는 신단(神壇)이 설치되어 있다. 신단이 설
치된 공간은 신성한 장소이다. 신단으로 말미암아 주변도 성화된다고 믿었

으므로 민가와 상업 시설의 종사자들은 신단에 내려와 머무는 신의 보호를 받는 공간에 있다고 여길 것이다(전호태, 2021, 『울산 천전리 각석 암각화 톺아읽기』, 민속원, 221쪽).

31) 엠마누엘 아나티 지음, 이승재 옮김, 2008, 『예술의 기원』, 바다출판사.

32) 아리엘 골란 지음, 정석배 옮김, 2005, 『선사시대가 남긴 세계의 모든 문양』, 푸른역사, 722~725쪽.

33) 김현권은 이 인물의 배 아래에 작은 동그라미가 표현되었음을 들어 여성 샤먼으로 보았다(김현권, 2016, 「대곡리 반구대암각화 인물상의 의미와 도상」 47, 47쪽).

34) 임세권, 1998, 「이흐두를지·팔로 암각화의 내용」, 『몽골의 암각화』, 열화당, 30쪽.

35) 전호태, 2013, 『울산 반구대암각화 연구』, 한림출판사, 142~143쪽.

36) 왕은 음경(陰莖)의 길이가 1척 5촌이나 되어 훌륭한 배필을 구하기가 어려워 사신을 삼도(三道)에 보내 배필을 구하였다. 『三國遺事』 卷1, 「紀異」 第一, 智哲老王.

37) 전호태, 2020, 『고대로부터 도착한 생각들-동굴벽화에서 고대종교까지』, 창비, 364~365쪽.

38) 진성왕이 이 말을 듣고 궁궐로 불러들여 손으로 그 등을 어루만지며 말하기를, "나의 형제자매는 골격이 남들과 다른데, 이 아이의 등에 두 뼈가 솟아 있으니 참으로 헌강왕의 아들이다"라고 하고, 즉시 담당 관리에게 명하여 예를 갖추어 책봉하고 받들게 하였다. 『三國史記』 卷11, 「新羅本紀」 11, 眞聖王 9年 10月.

제3부 바다

1) 새김 기법을 자세히 관찰하면 적어도 세 차례 기법상의 미묘한 변화가 있다 (전호태, 2013, 『울산 반구대암각화 연구』, 한림출판사, 125~127쪽).

2) 인도네시아 라마레라 사람들의 주된 사냥 대상은 향유고래이다(더그 복 클락 지음, 양병찬 옮김, 2019, 『마지막 고래잡이』, 소소의책).

3) '신위당'이라는 현판이 걸린 장생포의 제당에는 삼신그림이 모셔져 있는데, 원형 그대로는 아니다. 고래잡이가 행해지는 동안에는 이 제당에 고래의 머리와 꼬리지느러미 일부를 제물로 바치며 제사를 지냈으나, 고래잡이가 금지된 이후로는 3년에 한 번 정도 용신제를 지내는 곳으로 바뀌었다고 한다(이정재, 2008, 「울산의 고래잡이와 민속문화」, 『한국의 민속과 문화』 13, 경희대학교 민속학연구소, 171~196쪽).

4) 베트남의 고래신당은 신으로 모셔 할아버지로 불리던 고래에게 감사제 겸 풍어제를 올리기 위한 곳이다(레티응옥깜, 2013, 「베트남 동해안 고래신앙의 유래와 특징」, 『비교민속학』 50, 137, 158쪽). 바닷가에서 고래의 사체를 발견한 사람은 고래의 자식으로 여겨져 상주가 되고 3년상을 치른다고 한다.

5) 김현권은 이 인물을 춤추는 샤먼으로 보았다(김현권, 2016, 「대곡리 반구대암각화 인물상의 의미와 도상』 47, 51쪽).

6) 아이누족의 곰 제의도 죽임을 당한 곰의 혼이 새로 나는 새끼 곰에게 들어가 자란 뒤, 다시 사람들의 손에 들어오기를 기대하고 바라면서 드리는 사람과 동물, 신 사이의 소통이 전제되었다고 한다(나카자와 신이치 지음, 김옥희 옮김, 2005, 『곰에서 왕으로 – 국가 그리고 야만의 탄생』, 동아시아, 30쪽; 전호태, 2021, 『울산 천전리 각석 암각화 톺아읽기』, 민속원, 87쪽).

7) 『사자의 서』에 의하면 이집트인은 죽은 자 영혼의 심장이 정의의 여신 마아트의 깃털보다 무거우면 심장은 암무트라는 짐승에 의해 먹히고 영혼은 영원토

록 구천을 떠돌게 된다고 믿었다(국립중앙박물관, 2019, 『이집트-삶, 죽음, 부활의 이야기』, 국립박물관재단, 95~101쪽).

8) 임장혁, 1991, 「대곡리 암벽조각화의 민속학적 고찰」, 『한국민속학』 24, 185~186쪽.

9) 전호태, 2010, 『고구려 고분벽화 연구 여행』, 푸른역사, 108~111쪽.

10) 베트남 중부 해안마을에서는 고래를 할아버지라 부르며 고래의 사체가 발견된 바닷가에서 의례를 벌이고, 고래의 혼을 신당에 모시기도 한다(김은경, 2015, 「울주 대곡리 반구대 암각화와 고래제의」, 고려대학교 석사학위논문, 44~46쪽).

11) 이는 신이 자기를 믿는 사람들에게 제 몸을 주어 먹으며 살린다는 개념과 비슷하다. 아이누족의 곰 제의도 이와 유사한 관념에 바탕을 두고 치러졌다(조지프 캠벨 지음, 이진구 옮김, 2003, 『신의 가면 1: 원시신화』, 까치, 383~386쪽; 나카자와 신이치 지음, 김옥희 옮김, 2005, 『곰에서 왕으로 – 국가 그리고 야만의 탄생』, 동아시아, 61쪽).

12) 정동찬은 이 도상을 어미 고래가 새끼 고래를 훈련시키려고 등에 업고 가는 모습으로 이해하였다(정동찬, 1996, 『살아있는 신화 바위그림』, 혜안, 80쪽).

13) 2020년 6월, 제주 연안에서 2주 넘게 죽은 새끼 고래를 등에 업고 헤엄치는 남방큰돌고래가 관찰된 일이 있다('어미 돌고래는 죽은 새끼를 업고 다녔다', 『한겨레』, 2020년 6월 26일자) 태어난 직후 죽은 것으로 보이는 새끼 돌고래가 익사한 것인지는 알 수 없으나, 어미 고래의 깊은 모성애를 확인시켜 주는 장면으로 세간의 이목을 끌었다.

14) 金元龍, 1980, 「울주 반구대 암각화에 대하여」, 『한국고고학보』 9, 6~22쪽.

15) 마경희, 2010, 「울산 황성동 신석기시대 유적의 발굴과 성과」, 『한국암각화연구』 14, 117~132쪽.

16) 울산 황성동, 부산 동삼동, 통영 상노대도, 김해 수가리유적에서 고래 뼈가 발견, 수습되었다.

17) 국립수산과학원 수산생명자원정보센터, 「생물종정보: 흑등고래」.

18) 손호선, 2012, 「반구대 암각화의 고래 종(種)」, 『한국암각화연구』 16, 25~26쪽.

19) '민부리고래, 세계에서 가장 긴 잠수 기록 세워', 『더사이언스플러스』, 2020년 9월 24일자.

20) 손호선, 2012, 「반구대 암각화의 고래 종(種)」, 『한국암각화연구』 16, 24쪽.

21) 국립수산과학원 수산생명자원정보센터, 「생물종정보: 북방긴수염고래」.

22) 1899년 대한제국과 체결한 조약에 의해 러시아가 조차한 울산 장생포 건너 용잠 포경기지는 러일전쟁 이후 일본 나가사키포경회사, 동양어업주식회사 등의 포경회사들에게 넘어갔다. 이후 일본은 장생포 일대에 모두 8개소의 사유지를 포경기지로 임차해 한반도 바다의 고래 포획에 나섰다(허영란, 2014, 「집합기억의 재구성과 지역사의 모색 – 울산 장생포 고래잡이 구술을 중심으로」, 『역사문제연구』 32..

23) 배성동, 2013, 『울산 소금 이야기』, 울산발전연구원; 문홍일, 2021, 『울산의 문화유산 마채제염』, 남홍제염문화연구원.

24) 1910년 이후 1930년대까지 울산 장생포는 포경업의 전성기를 누렸는데, 1930년대 말에는 7~8척의 포경선이 한 해 120두 정도의 참고래를 포획했다고 한다. 1937년 11월경 포경에 관여하는 어민은 8백여 명이었고, 고래를 해체하는 등의 일을 업으로 삼은 인부가 3백여 명이었다고 한다(허영란, 2014, 「집합기억의 재구성과 지역사의 모색 – 울산 장생포 고래잡이 구술을 중심으로」, 『역사문제연구』 32..

25) '북서태평양에 한국계 귀신고래 130마리 생존', 『연합뉴스』, 2008년 10월 2일자.

26) 김장근·최석관·인용락·김현우·박겸준, 2009, 『한반도 연해 고래류』, 한글그라픽스.

27) 손호선, 2012, 「반구대 암각화의 고래 종(種)」, 『한국암각화연구』 16, 21~32쪽.

28) '참돌고래들 눈물 어린 장례식 첫 포착', 『동아사이언스』, 2022년 7월호.

29) 국립수산과학원 수산생명자원정보센터, 「생물종정보: 들쇠고래」.

30) '들쇠고래: 뉴질랜드 해변에 고립된 고래 145마리 떼죽음… 가슴 아픈 결정', 『BBC뉴스 코리아』, 2018년 11월 26일자.

31) 김장근·최석관·인용락·김현우·박겸준, 2009, 『한반도 연해 고래류』, 한글그라픽스.

32) 손호선, 2012, 「반구대 암각화의 고래 종(種)」, 『한국암각화연구』 16, 28쪽.

33) 이정재, 2008, 「울산의 고래잡이와 민속문화」, 『한국의 민속과 문화』 13, 경희대학교 민속학연구소, 171~196쪽.

34) 손호선, 2012, 「반구대 암각화의 고래 종(種)」, 『한국암각화연구』 16, 21~32쪽.

35) 참고래를 비롯한 중대형 고래의 개체수가 급감하자 1970년대에는 한국 포경선의 주된 포획 대상도 밍크고래로 바뀌었다(허영란, 2014, 「집합기억의 재구성과 지역사의 모색 - 울산 장생포 고래잡이 구술을 중심으로」, 『역사문제연구』 32, 381~386쪽).

36) '호주에서 떠내려온 고래 380마리 죽음… 역대 최다 규모', 『BBC뉴스 코리아』, 2020년 9월 24일자.

37) 일본 홋카이도와 남쿠릴열도의 아이누인 바다신으로 여기던 범고래에게 올리는 노래를 부르고 춤을 췄는데, 범고래에게 쫓기거나 다친 고래가 바닷가로 떠밀려오기를 바라서다(사라시나 반조우 저, 이경애 역, 2000, 『아이누신화』, 역락). 이들은 바닷가에 좌초한 고래를 신의 선물로 여겼다.

38) 베링해 연안 알류트족은 고래잡이에 나선 사람들의 우두머리인 우미알릭이 사냥한 고래의 머리와 고기의 큰 덩어리, 지방을 차지할 수 있게 했나고 한다(김은경, 2015, 「울주 대곡리 반구대 암각화와 고래제의」, 고려대학교 석사학위논문, 49쪽). 고래잡이에 나서면 우미알릭이 가장 먼저 고래를 공격하는 위험을

감수하기 때문일 것이다.

39) 세계학계에는 일본바다사자로 등록되어 있다('일본 제국주의에 희생된 독도 강
치', 『한겨레』 2021년 3월 10일자).

40) '울릉도서 발견된 물개는 독도강치 아닌 북방물개', 『뉴시스』, 2020년 3월 9
일자.

41) 2021년 발견된 백령도 점박이물범은 179마리이다('백령 점박이물범 지난해
179마리 발견… 서식지보호 필요', 『인천투데이』, 2022년 3월 16일자).

42) 전호태·이하우·박초아, 2018, 『국보285호 울산 반구대암각화』, 울산대학
교 반구대암각화유적보존연구소, 42쪽.

43) 최근 한반도 바다의 수온이 높아지면서 백상아리가 자주 그물에 걸린다는
보도가 나오지만('그물에 백상아리가… 뜨거워지는 바다', 『연합뉴스』 2018년 8월
19일자), 한반도 해역은 예로부터 백상아리의 생활권이다. 한반도 바다의 수
온 상승이 백상아리의 출현 빈도를 높였을 뿐이다.

44) 정재서, 2013, 『이야기 동양신화』, 김영사, 71~72쪽.

45) 『列子』, 「湯問」.

46) 전호태, 2007, 『중국 화상석과 고분벽화 연구』, 솔, 233~234쪽.

47) 전호태, 2014, 「고구려의 매사냥」, 『역사와 경계』 91, 1~21쪽.

48) 야생 조류로서 가마우지는 연안 어업에 피해를 주는 유해조류이기도 하
다('가마우지 3만 마리로 폭증, 나무 죽이고 물고기 씨 말리고', 『MBC뉴스데스크』,
2022년 7월 29일자).

49) 박정재, 2021, 『기후의 힘』, 바다출판사.

제4부 다시 뭍으로

1) 전호태, 2021, 『울산 천전리 각석 암각화 톺아읽기』, 민속원, 259쪽.

2) 전호태, 2000, 「고구려 고분벽화의 직녀도」, 『역사와 현실』 38, 123~149쪽.

3) 전호태, 2021, 『울산 천전리 각석 암각화 톺아읽기』, 민속원, 259쪽.

4) 나희라, 2017, 「울주 천전리 암각화 바위와 신라인의 바위신앙」, 『신라문화』 50, 1~25쪽.

5) 유럽의 일부 지역에 결혼한 신부가 바위에 몸을 문지르는 관습이 있었던 것도 바위로부터 신성한 기운을 받으려 했기 때문이라고 보아야 할 것이다(마리아 김부타스 지음, 고혜경 옮김, 2016, 『여신의 언어』, 한겨레출판, 150~159쪽).

6) 임재해는 반구대 암각화 사람 얼굴을 탈로 보았다(임재해, 1997, 「암각화를 통해본 탈의 기원과 그 기능의 변모」, 『민속연구』 7, 85~98쪽).

7) 임장혁은 시베리아 수렵민 가운데 고래잡이배를 맞는 여성들이 고래의 영으로부터 자신을 보호하려고 가면을 쓰는 풍습이 있다는 사실을 지적하였다(임장혁, 1991, 「대곡리 암벽조각화의 민속학적 고찰」, 『한국민속학』 24, 187~188쪽).

8) 『三國遺事』 卷1 「紀異」 1, 古朝鮮 王儉朝鮮.

9) 국립중앙박물관, 2017, 『동아시아의 호랑이 미술: 韓國·日本·中國』; 국립민속박물관, 2021, 『호랑이』.

10) 전호태, 2021, 『고대 한국의 풍경』, 성균관대학교출판부, 55쪽.

11) 강삼혜는 이 짐승을 대륙사슴으로 보았다(강삼혜, 2016, 「대곡리 암각화 사슴상의 의미와 도상 양식」, 『강좌미술사』 47, 67쪽).

12) 전호태, 장명수, 강종훈, 남연의, 윤효정, 2014, 『울산 천전리 암각화』, 울산대학교 반구대암각화유적보존연구소, 101쪽.

13) 이상목은 이 짐승을 너구리로 보았다(이상목, 2004, 「울산 대곡리 반구대 선사유적의 동물그림 - 생태적 특성과 계절성을 중심으로」, 『한국고고학보』 52, 35~68쪽).

14) 임장혁은 이를 생명선이라고 표현했다(임장혁, 1991, 「대곡리 암벽조각화의 민속학적 고찰」, 『한국민속학』 24, 188~189쪽).

15) 엠마누엘 아나티 지음, 이승재 옮김, 2008, 『예술의 기원』, 바다출판사.

16) 이 시설 혹은 도구의 바로 아래 있는 물상까지 포경선단으로 보는 견해도 있다(주수완, 2016, 「반구대암각화 고래 도상의 미술사적 의의」, 『강좌미술사』 47, 93~94쪽).

17) 전호태, 2013, 『울산 반구대암각화 연구』, 한림출판사, 137쪽.

18) 반구대 암각화 바위나 천전리 각석은 사람들의 세상과 신의 세계 사이에 있는 일종의 중간지대다. 사람이 신과 만나기 위해 행하는 종교의식은 이런 중간지대에서 이루어진다(엠마누엘 아나티 지음, 이승재 옮김, 2008, 『예술의 기원』, 바다출판사, 448~449쪽); 암채화나 암각화가 사람이 접근하기 어려운 곳, 사람들의 거주지와는 멀리 떨어진 장소에서 발견되는 것도 이런 곳이 경계적 공간으로 여러 가지 의례를 행할 수 있는 성스러운 장소였기 때문이다(Jan Magne Gjerde, 2021, "Hunter-fisher- gatherer rock art and sacred space: cases from Fennoscandia", 『대곡리 암각화 발견 50주년 기념 국제학술대회 '암각화와 신성한 공간' 발표 자료집』, 울산암각화박물관, 125~128쪽; Benjamín Ballester, 2021, "Liminality, pilgrimages and sacred places in El Médano ock art from the Atacama Desert", 『대곡리 암각화 발견 50주년 기념 국제학술대회 '암각화와 신성한 공간' 발표 자료집』, 울산암각화박물관, 89~108쪽).

19) 전호태, 2021, 『울산 천전리 각석 암각화 톺아읽기』, 민속원, 232~235쪽.

20) 울산의 대곡천 암각화군은 2010년 1월 세계유산 잠정 목록에 올랐다(유네스코 세계유산 홈페이지 참조).

제1부 발견

제2부 사냥

제3부 바다

제4부 다시 뭍으로

『三國史記』,『三國遺事』,『列子』,『한겨레』,『연합뉴스』,『뉴시스』,『동아사이언 스』,『인천투데이』,『더사이언스플러스』,『MBC뉴스데스크』,『BBC뉴스 코 리아』

⋮

강삼혜, 2016, 「대곡리 암각화 사슴상의 의미와 도상 양식」, 『강좌미술사』 47.

국립문화재연구소, 2011, 『반구대암각화』.

국립수산과학원 수산생명자원정보센터, 「생물종정보」.

국립민속박물관, 2021, 『호랑이』.

국립중앙박물관, 2017, 『동아시아의 호랑이 미술: 韓國·日本·中国』.

국립중앙박물관, 2019, 『이집트–삶, 죽음, 부활의 이야기』 국립박물관재단.

국립중앙박물관, 2021, 『호모 사피엔스: 진화∞관계&미래?』.

김은경, 2015, 「울주 대곡리 반구대 암각화와 고래제의」 고려대학교 석사학위논문.

金元龍, 1980, 「울주 반구대 암각화에 대하여」, 『한국고고학보』 9.

김장근·최석관·인용락·김현우·박겸준, 2009, 『한반도 연해 고래류』, 한글그라픽스.

김종일, 2006, 「경관고고학의 이론적 특징과 적용 가능성」, 『한국고고학보』 58.

김현권, 2016, 「대곡리 반구대암각화 인물상의 의미와 도상」 47.

김현주·백인성·임종덕, 2014, 「국보 제285호 울주 대곡리 반구대암각화 지역의 공룡발자국 화석층: 산상, 고환경 및 자연사적 가치」, 『문화재』 47.

나희라, 2017, 「울주 천전리 암각화 바위와 신라인의 바위신앙」, 『신라문화』 50.

마경희, 2010, 「울산 황성동 신석기시대 유적의 발굴과 성과」, 『한국암각화연구』 14.

문명대, 1973, 「울산의 선사시대 암벽각화」, 『문화재』 7호, 문화재관리국.

문홍일, 2021, 『울산의 문화유산 마채제염』, 남홍제염문화연구원.

박정재, 2021, 『기후의 힘』, 바다출판사.

배성동, 2013, 『울산 소금 이야기』, 울산발전연구원.

손호선, 2012, 「반구대 암각화의 고래 종(種)」, 『한국암각화연구』 16.

송은숙, 2003, 「암사동 신석기 주거지의 특징」, 『한국선사고고학보』 10.

안승모·이준정, 2009, 『선사 농경 연구의 새로운 동향』, 사회평론.

울산대학교박물관, 2000, 『울산 반구대암각화』, 울산광역시청.

울산암각화박물관, 2013, 『한국의 암각화 Ⅲ: 울주 대곡리 반구대암각화』.

이상균, 2010, 『한반도의 신석기문화』, 전주대학교출판부.

이상길, 1993, 「창원 덕천리유적 발굴조사 보고」, 『삼한사회와 고고학』.

이상목, 2004, 「울산 대곡리 반구대 선사유적의 동물그림 - 생태적 특성과 계절
    성을 중심으로」, 『한국고고학보』 52.

이정재, 2008, 「울산의 고래잡이와 민속문화」, 『한국의 민속과 문화』 13, 경희대
    학교 민속학연구소.

이재현, 2008, 「원삼국시대 남해안 해상교류 시스템 - 늑도유적의 발굴성과와
    연구 과제를 중심으로」, 『대구사학』 91.

이창희, 2015, 「勒島交易論 - 金屬器交易에 대한 新觀點」, 『영남고고학』 73.

임두빈, 2001, 『원시미술의 세계』, 가람기획.

임세권, 1998, 「이흐두를지·팔로 암각화의 내용」, 『몽골의 암각화』, 열화당.

임장혁, 1991, 「대곡리 암벽조각화의 민속학적 고찰」, 『한국민속학』 24.

임재해, 1997, 「암각화를 통해 본 탈의 기원과 그 기능의 변모」, 『민속연구』 7.

임효재·이준정, 1988, 『鰲山里遺蹟 Ⅱ; 서울大學校考古人類學叢刊 제13책』, 서
    울대학교박물관.

장용준·김종찬, 2019, 「한반도 출토 선사시대 흑요석 원산지 연구」, 『한국고고학보』 111.

장장식, 2002, 「몽골의 '어머니바위' 신앙과 전승 현장」, 『민속학 연구』 11.

장장식, 2017, 「고령 장기리 암각화로 본 한국 선사고대인의 신앙과 민속」, 『한국암각화 연구』 21.

전호태, 2000, 「고구려 고분벽화의 직녀도」, 『역사와 현실』 38.

전호태, 2007, 『중국 화상석과 고분벽화 연구』, 솔.

전호태, 2010, 『고구려 고분벽화 연구 여행』, 푸른역사.

전호태, 2013, 『울산 반구대암각화 연구』, 한림출판사.

전호태, 2014, 「고구려의 매사냥」, 『역사와 경계』 91.

전호태, 2018, 『고구려 고분벽화와 만나다』, 동북아역사재단.

전호태, 2020, 『고대로부터 도착한 생각들 – 동굴벽화에서 고대종교까지』 창비.

전호태, 2020, 『중국인의 오브제』, 성균관대학교출판부.

전호태, 2020, 『글바위, 하늘의 문 – 울산 천전리 각석 이야기』, 진인진.

전호태, 2020, 「고구려 고분벽화의 개」, 『한국고대사연구』 97.

전호태, 2021, 『고대 한국의 풍경』, 성균관대학교출판부.

전호태, 2021, 『울산 천전리 각석 암각화 톺아읽기』, 민속원.

전호태, 장명수, 강종훈, 남연의, 윤효정, 2014, 『울산 천전리 암각화』, 울산대학교 반구대암각화유적보존연구소.

전호태·이하우·박초아, 2018, 『국보285호 울산 반구대암각화』, 울산대학교 반구대암각화유적보존연구소.

정동찬, 1996, 『살아있는 신화 바위그림』, 혜안.

주수완, 2016, 「반구대암각화 고래 도상의 미술사적 의의」, 『강좌미술사』 47.

한국수자원공사, 1992, 『전국하천조사서』.

허영란, 2014, 「집합기억의 재구성과 지역사의 모색 – 울산 장생포 고래잡이 구술을 중심으로」,『역사문제연구』32.

황상일·윤순옥, 1995,「반구대암각화와 후빙기 후기 울산만의 환경변화」,『한국제4기학보』9.

황상일·윤순옥, 2000,「울산 태화강 중·하류부의 Holocene 자연환경과 선사인의 생활변화」,『한국고고학보』43.

황상일·윤순옥, 2002,「울산시 황성동 세죽 해안의 Holocene 중기 환경변화와 인간생활」,『한국고고학보』48.

황수영·문명대, 1984,『盤龜臺岩壁彫刻』, 동국대학교출판부.

∴

陶宗儀,『水衡記』.

∴

나카자와 신이치 지음, 김옥희 옮김, 2005,『곰에서 왕으로 – 국가 그리고 야만의 탄생』, 동아시아.

더그 복 블락 지음, 양병찬 옮김, 2019,『마지막 고래잡이』, 소소의 책.

레티응옥깜, 2013,「베트남 동해안 고래신앙의 유래와 특징」,『비교민속학』50.

리링 외 지음, 정호준 옮김, 2021,『중국 고고학, 위대한 문명의 현장』, 역사산책.

마리아 김부타스 지음, 고혜경 옮김, 2016,『여신의 언어』, 한겨레출판.

미르치아 엘리아데 지음, 이용주 옮김, 2017,『세계종교사상사 1』, 이학사.

미셀 로르블랑셰 지음, 김성희 옮김, 2014,『예술의 기원』, 알마.

사라시나 반조우 저, 이경애 역, 2000,『아이누신화』, 역락.

엘리스 로버츠 지음, 김명주 옮김, 2019,『세상을 바꾼 길들임의 역사』, 푸른숲.

엠마누엘 아나티 지음, 이승재 옮김, 2008,『예술의 기원』, 바다출판사.

아리엘 골란 지음, 정석배 옮김, 2005,『선사시대가 남긴 세계의 모든 문양』, 푸른역사.

장 길렌·장 자미트 지음, 박성진 옮김, 2020, 『전쟁고고학 – 선사시대 폭력의 민
　낯』, 사회평론아카데미.

조셉 캠벨·빌 모이어스 지음, 이윤기 옮김, 1993, 『신화의 힘』, 고려원.

조지프 캠벨 지음, 이진구 옮김, 2003, 『신의 가면 1: 원시신화』, 까치.

조지프 캠벨 지음, 이윤기 옮김, 2018, 『천의 얼굴을 가진 영웅』, 민음사.

Benjamín Ballester, 2021, "Liminality, pilgrimages and sacred places in El Mé-
　dano ock art from the Atacama Desert", 『대곡리 암각화 발견 50주년 기념 국
　제학술대회 '암각화와 신성한 공간' 발표 자료집』, 울산암각화박물관.

Jan Magne Gjerde, 2021, "Hunter-fisher-gatherer rock art and sacred space:
　cases from Fennoscandia", 『대곡리 암각화 발견 50주년 기념 국제학술대회
　'암각화와 신성한 공간' 발표 자료집』, 울산암각화박물관.

『Journal of Archaeological Science』, 2018년 10월호.

348

총서 𝍫 知의회랑 을 기획하며
arcade of knowledge

대학은 지식 생산의 보고입니다. 세상에 바로 쓰이지 않더라도 언젠가는 반드시 인류에 필요할 지식을 생산하고 축적하며 발전시키는 일을 끊임없이 해나갑니다. 오랫동안 대학에서 생산한 지식은 책이란 매체에 담겨 세상의 지성을 이끌어왔습니다. 그 책들은 콘텐츠를 저장하고 유통시키며 활용하게 만드는 매체의 차원을 넘어, 인간의 비판적 사유 능력과 풍부한 감수성을 자극하는 촉매의 역할을 충실히 해왔습니다.

이와 같은 '책을 읽는다'는 것은 단순히 지식과 정보를 습득하는 데 멈추지 않고, 시대와 현실을 응시하고 성찰하면서 다시 그 너머를 사유하고 상상함을 의미합니다. 그러므로 '세상의 밑그림'을 그리는 책무를 지닌 대학에서 책을 펴내는 것은 결코 가벼이 여겨선 안 될 일입니다.

이제 우리는 다양한 방식으로 존재하는 지식과 정보, 그리고 사유와 전망을 담은 책을 엮어 현존하는 삶의 질서와 가치를 새롭게 디자인하고자 합니다. 과거를 풍요롭게 재구성하고 미래를 창의적으로 기획하는 작업이 다채롭게 펼쳐질 것입니다.

대학의 심장부에 해당하는 도서관이 예부터 우주의 축소판이라 여겨져 왔듯이, 그곳에 체계적으로 배치된 다양한 책들이야말로 이른바 학문의 우주를 구성하는 성좌와 다름없습니다. 우리는 그 빛이 의미 없이 사그라들지 않기를, 여전히 어둡고 빈 서가를 차곡차곡 채워가기를 기대합니다.

앎을 쉽게 소비하는 시대를 살고 있지만, 다양한 앎을 되새김함으로써 학문의 회랑에서 거듭나는 지식의 필요성에 우리는 공감합니다. 정보의 홍수와 유행 속에서도 퇴색하지 않을 참된 지식이야말로 인간이 가야 할 길에 불을 밝혀줄 수 있기 때문입니다. 앞으로 대학이란 무엇을 하는 곳이며, 왜 세상에 남아 있어야 하는 곳인지 끊임없이 되물으며, 새로운 지의 총화를 위한 백년 사업을 시작하겠습니다.

총서 '知의회랑' 기획위원

안대회 · 김성돈 · 변혁 · 윤비 · 오제연 · 원병묵

지은이 전호태

서울대학교 국사학과와 동 대학원을 졸업하고 고구려 고분벽화 연구로 박사학위를 받았다. 국립중앙박물관 학예연구사를 거쳐 울산대학교 역사문화학과 교수 겸 반구대암각화 유적보존연구소장으로 재직하고 있다. 반구대암각화 세계유산추진단 자문위원 및 동 추진위원회 위원으로도 활동 중이다. 미국 캘리포니아대학(버클리) 동아시아연구소 및 하버드대학 한국학연구소 방문교수, 울산광역시 문화재위원, 문화재청 문화재 전문위원, 한국암각화학회장, 울산대학교 박물관장 등을 역임했다. 암각화를 비롯한 한국 고대의 역사와 미술 그리고 문화를 활발히 연구해왔으며, 이를 바탕으로 동아시아 문화를 탐구하는 작업에 매진하고 있다.

그간 쉼 없는 저술 활동을 이어나가며 어린이부터 청소년과 일반 시민 그리고 대학생과 전문 연구자들에 이르기까지 다양한 독자들과 만나왔다. 『고대 한국의 풍경』, 『중국인의 오브제』, 『고대에서 도착한 생각들』, 『황금의 시대 신라』, 『고구려에서 만난 우리 역사』, 『비밀의 문 환문총』, 『고구려 고분벽화 연구여행』, 『글로벌 한국사 1-문명의 성장과 한국고대사』, 『화상석 속의 신화와 역사』 등의 교양서와 『고구려 벽화고분의 과거와 현재』, 『무용총 수렵도』, 『고구려 생활문화사 연구』, 『고구려 벽화고분』, 『울산 반구대암각화 연구』, 『고구려 고분벽화의 세계』, 『고구려 고분벽화 연구』 등의 연구서를 포함해 다수의 저서가 있다. 백상출판문화상 인문과학부문 저작상, 고구려발해학술상 등을 수상했다.

𝄞 知의회랑
arcade of knowledge
033

반구대 이야기
새김에서 기억으로

1판 1쇄 발행 2023년 2월 28일
1판 2쇄 발행 2023년 12월 30일

지 은 이　　전호태
펴 낸 이　　유지범
책임편집　　현상철
편　　집　　신철호 · 구남희
마 케 팅　　박정수 · 김지현

펴 낸 곳　　성균관대학교출판부
등　　록　　1975년 5월 21일 제1975-9호
주　　소　　03063 서울특별시 종로구 성균관로 25-2
전　　화　　02)760-1253~4 팩스 02)762-7452
홈페이지　　http://press.skku.edu

ISBN 979-11-5550-579-3 03910

ⓒ 2023, 전호태
값 24,000원